Conteúdo digital exclusivo!

Cadastre-se e transforme seus estudos em uma experiência única de aprendizado!

Acesse agora

Portal:
www.editoradobrasil.com.br/crescer

Código de aluno:
5527750A4255096

Lembre-se de que esse código é pessoal e intransferível. Guarde-o com cuidado, pois é a única forma de você utilizar os conteúdos do portal.

Andressa Turcatel Alves Boligian • Camila Turcatel Alves e Santos • Levon Boligian

CRESCER
Geografia

5º ano

Dados Internacionais de Catalogação na Publicação (CIP)
(Câmara Brasileira do Livro, SP, Brasil)

Boligian, Andressa Turcatel Alves
  Crescer geografia, 5º ano / Andressa Turcatel Alves Boligian, Camila Turcatel Alves e Santos, Levon Boligian. – 1. ed. – São Paulo: Editora do Brasil, 2018. – (Coleção crescer)

  ISBN 978-85-10-06825-3 (aluno)
  ISBN 978-85-10-06826-0 (professor)

  1. Geografia (Ensino fundamental) I. Santos, Camila Turcatel Alves e. II. Boligian, Levon. III. Título. IV. Série.

18-15604   CDD-372.891

Índices para catálogo sistemático:
1. Geografia: Ensino fundamental 372.891
Maria Alice Ferreira - Bibliotecária - CRB-8/7964

1ª edição / 1ª impressão, 2018
Impresso no Parque Gráfico da Editora FTD

Rua Conselheiro Nébias, 887
São Paulo/SP – CEP 01203-001
Fone: +55 11 3226-0211

www.editoradobrasil.com.br

© Editora do Brasil S.A., 2018
Todos os direitos reservados

Direção-geral: Vicente Tortamano Avanso

Direção editorial: Felipe Ramos Poletti
Gerência editorial: Erika Caldin
Coordenação de arte: Cida Alves
Supervisão de revisão: Dora Helena Feres
Supervisão de iconografia: Léo Burgos
Supervisão de digital: Ethel Shuña Queiroz
Supervisão de controle de processos editoriais: Marta Dias Portero
Supervisão de direitos autorais: Marilisa Bertolone Mendes

Supervisão editorial: Júlio Fonseca
Consultoria técnica: Hilda Cardoso Sandoval e Waldirene Ribeiro do Carmo
Edição: Alício Leva e Gabriela Hengles
Assistência editorial: Lara Carolina Chacon Costa e Manoel Leal de Oliveira
Auxílio editorial: Marina Lacerda D'Umbra
Coordenação de revisão: Otacilio Palareti
Copidesque: Giselia Costa, Ricardo Liberal e Sylmara Beletti
Revisão: Alexandra Resende, Andréia Andrade e Maria Alice Gonçalves
Pesquisa iconográfica: Amanda Felicio, Isabela Meneses, Léo Burgos e Marcia Sato
Assistência de arte: Letícia Santos
Design gráfico: Andrea Melo
Capa: Megalo Design e Patrícia Lino
Imagem de capa: Carlos Meira
Ilustrações: Cláudio Chiyo, Danillo Souza, DAE (Departamento de Arte e Editoração), Fabio Nienow, Isabela Santos, José Wilson Magalhães, Kanton, Leonardo Conceição, Luis Moura, Paula Radi, Paulo César Pereira, Raitan Chi, Ricardo Dantas e Vagner Coelho
Produção cartográfica: DAE (Departamento de Arte e Editoração), Sonia Vaz e Alessandro Passos da Costa
Coordenação de editoração eletrônica: Abdonildo José de Lima Santos
Editoração eletrônica: Estação das Teclas
Licenciamentos de textos: Cinthya Utiyama, Paula Harue Tozaki e Renata Garbellini
Controle de processos editoriais: Bruna Alves, Carlos Nunes, Jefferson Galdino, Rafael Machado e Stephanie Paparella

Querido aluno,

Gostaríamos de lhe dar as boas-vindas.

Agradecemos a você por estar conosco em mais uma incrível aventura do conhecimento.

Que tal conhecer melhor os lugares e as coisas com as quais convivemos diariamente?

Ao estudar com o auxílio deste livro, esperamos que sua curiosidade seja despertada e que você possa ver o mundo que já existe à sua volta com outros olhos. Gostaríamos também que seus sentidos fossem estimulados a conhecer e reconhecer um mundo novo, que precisa de seu cuidado.

No livro do 5º ano você estudará nosso país. Apresentaremos os aspectos que caracterizam nossa sociedade e a natureza do território brasileiro e suas diferentes regiões. Veja as páginas seguintes e bons estudos!

Os autores

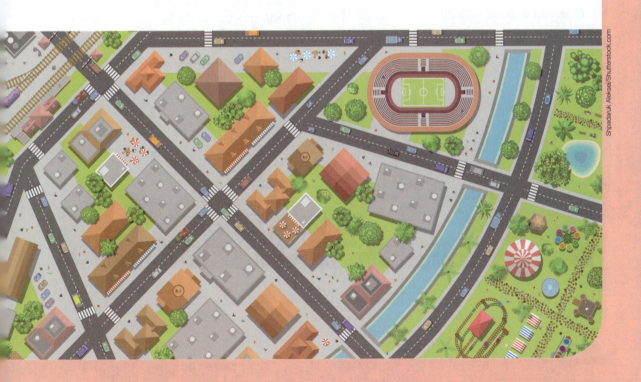

Sumário

Unidade 1
O planeta Terra 7
A vida no planeta Terra 8
  Giramundo: Planetas do Sistema Solar 10
Os movimentos da Terra 12
  Investigando a redondeza: Meu dia a dia 15
  Isto é Cartografia: Os paralelos e os meridianos 21
Retomada 24
Periscópio 26

Unidade 2
O Brasil no mundo 27
Continentes e oceanos da Terra .. 28
  Giramundo: Quem nasce na América é? 29
Brasil: limites e fronteiras 30
O Brasil e seus vizinhos 31
  Isto é Cartografia: Limites e direções 33
A diversidade do território brasileiro 36
As grandes regiões brasileiras 40
Retomada 44
Periscópio 46

Unidade 3
O relevo e suas formas ... 47
O relevo e nosso dia a dia 48
  Giramundo: A Serra da Barriga e o Quilombo dos Palmares 51
As unidades do relevo brasileiro .. 52
  Isto é Cartografia: Altura, altitude e mapa altimétrico 55
  Leio e compreendo: Mapas 58
As transformações do relevo 59
  Investigando a redondeza: As formas do relevo do lugar onde moro 61
Retomada 62
Periscópio 64

Unidade 4
As águas dos rios e mares 65

Os caminhos da água na natureza 66
- **Giramundo:** Estados físicos da água 69

Os rios no Brasil 70

O Brasil e as águas oceânicas 74

As águas brasileiras estão ameaçadas? 76
- **Leio e compreendo:** Textos 77
- **Construir um mundo melhor:** Conservação e qualidade da água do município 78

Retomada 80
Periscópio 82

Unidade 5
O tempo e o clima 83

A diferença entre tempo e clima 84
- **Investigando a redondeza:** O tempo meteorológico 86
- **Giramundo:** Vento – ventania que gera energia! 90
- **Isto é Cartografia:** Globo terrestre e zonas climáticas 91

Retomada 94
Periscópio 96

Unidade 6
A vegetação natural brasileira 97

A vegetação natural 98
- **Isto é Cartografia:** O trabalho com imagens de satélite 105
- **Leio e compreendo:** História em quadrinhos 113

Retomada 116
Periscópio 118

Unidade 7
População brasileira 119

- Quem são os brasileiros 120
- Quantos são os brasileiros 125
  - **Isto é Cartografia:** Comparar dados em mapas e gráficos 126
  - **Leio e compreendo:** Gráficos 134
- Onde vivem os brasileiros 136
  - **Isto é Cartografia:** Interpretação de um mapa da população 137
- As migrações internas 139
  - **Investigando a redondeza:** Os migrantes entre nós 142
- **Retomada** 148
- **Periscópio** 150

Unidade 8
A economia brasileira 151

- Os setores da economia 152
- O comércio e os serviços 154
  - **Investigando a redondeza:** O trabalho das pessoas com quem convivo 156
- A indústria 157
- A atividade agropecuária 162
- Os meios de transporte 163
- Os meios de comunicação 166
  - **Giramundo:** O telefone: da manivela ao toque na tela 167
- As fontes de energia 168
  - **Construir um mundo melhor:** Montando uma feirinha de trocas 170
- **Retomada** 172
- **Periscópio** 174

Referências 175

UNIDADE 1

O planeta Terra

Inicie seus estudos de Geografia deste ano conhecendo a localização de Guarapuava.

A cidade de Guarapuava fica no estado do Paraná.

O Paraná é um dos três estados da Região Sul do Brasil.

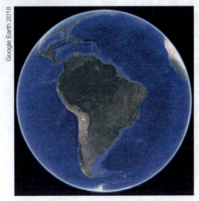

O Brasil fica na América do Sul, que, por sua vez, faz parte da América, um dos continentes do planeta Terra.

1. Escreva no caderno alguns nomes referentes à localização de onde você mora: bairro, município, estado, país, continente e o planeta.

A vida no planeta Terra

Você já viu imagens do planeta Terra como aquelas da página anterior? Já se imaginou no espaço olhando para nosso planeta? Como será que ele é realmente?

Em 1961, o astronauta russo Yuri Gagarin foi o primeiro ser humano a observar a Terra do espaço. De lá, ele constatou que nosso planeta tinha forma arredondada e cor predominantemente azul.

A Terra tem a cor azulada quando vista do espaço por causa dos gases da atmosfera que envolvem o planeta, como oxigênio, nitrogênio e gás carbônico. A existência desses gases é uma das principais condições para que a Terra seja o único planeta do Sistema Solar com vida como a conhecemos.

Marcos Pontes foi o primeiro astronauta brasileiro a ver a Terra do espaço celeste. Em 2006 ele ficou cerca de 8 dias a bordo da **Estação Espacial Internacional**.

Estação Espacial Internacional: estrutura construída em conjunto por diversos países que orbita a Terra e onde se realizam diversas pesquisas e experimentos.

Imagem parcial da Terra vista do espaço, 2015.

O Sol e a água também são importantes fontes de vida na Terra. Os raios solares aquecem o planeta e fornecem a energia que muitos seres necessitam para viver. A água, por sua vez, é fundamental para o desenvolvimento de plantas e animais.

Vista do Parque do Ibirapuera. São Paulo, São Paulo, 2014.

Pinguins no verão da Antártica, 2017.

Deserto de Omã, na região do Oriente Médio, 2015.

Na Terra há lugares muito frios, como a Antártica (fotografia A), onde as temperaturas podem chegar a –40 °C (quarenta graus abaixo de zero). Também há lugares muito quentes, como o deserto de Omã (fotografia B), nos quais as temperaturas podem atingir mais de 50 °C. Entretanto, na maior parte do planeta, as temperaturas médias ficam em torno de 15 °C, o que proporciona a existência de muitas formas de vida.

1. Destaque nos textos das páginas 8 e 9 todas as informações que considerar importantes sobre o planeta Terra. Em seguida, faça um resumo dessas informações no caderno.

Giramundo

Planetas do Sistema Solar

Mercúrio, Vênus, Terra, Marte, Júpiter, Saturno, Urano e Netuno – você sabe a que se referem esses nomes? Se pensou nos planetas do Sistema Solar, acertou! Leia as informações e escreva o nome dos planetas nos quadrinhos correspondentes.

Sol
Nosso astro rei é uma estrela, pois emite luz e calor próprios. Ele ilumina e aquece a Terra.

É o menor planeta do Sistema Solar e o mais próximo do Sol.
_____

Segundo planeta do Sistema Solar mais próximo do Sol. É também o mais quente.
_____

Terra
Nosso planeta é o único conhecido que abriga vida.

Vizinho da Terra, é chamado também de "planeta vermelho".
_____

10

É o maior planeta do Sistema Solar, cerca de 11 vezes maior que a Terra. Ele tem 63 luas.

O planeta possui inúmeros anéis que, juntos, lembram o formato de um disco. Ele é nove vezes maior que a Terra e o segundo maior planeta do Sistema Solar.

É um planeta muito frio. Fica a cerca de 3 bilhões de quilômetros do Sol.

O planeta mais distante do Sol tem a cor azulada por causa de sua atmosfera.

Representação sem escala e fora de proporção. Cores-fantasia.

Os movimentos da Terra

A Terra está o tempo todo em movimento no espaço. Será que conseguimos perceber esses movimentos? Você sabe quais são eles?

Entre os movimentos que realiza, conheceremos melhor o **movimento de rotação**, que é o giro da Terra ao redor de seu próprio eixo, e o **movimento de translação**, seu giro em torno do Sol.

O movimento de rotação

Observe os quadrinhos e leia os diálogos.

1. Converse com os colegas e o professor sobre as questões a seguir.

a) Você percebeu que os primos conversam pela internet, não é mesmo? Há uma diferença de horário entre os lugares onde moram. Qual é ela?

_____

_____

_____

b) As atividades que cada um está fazendo em seu país estão acontecendo no mesmo momento? Por que você acha isso?

_____

_____

_____

2. Com base no que foi discutido, complete o quadro a seguir.

	Na figura A	**Na figura B**
Nome do país on-de está o menino		
O que ele está fazendo?		
Qual é o período do dia?		

Você percebeu que no Brasil é dia claro enquanto no Japão é noite? Você sabe por que em uma parte do planeta é dia enquanto na outra é noite?

Isso acontece por causa do **movimento de rotação** da Terra. Nesse movimento, a Terra gira em torno de seu próprio eixo, como um pião. Os outros planetas e satélites naturais também giram desse modo.

O movimento de rotação da Terra realiza-se de oeste para leste e dura 24 horas, o período de um dia. É esse movimento que determina a sucessão dos dias e das noites, regulando a vida dos seres vivos e das atividades humanas.

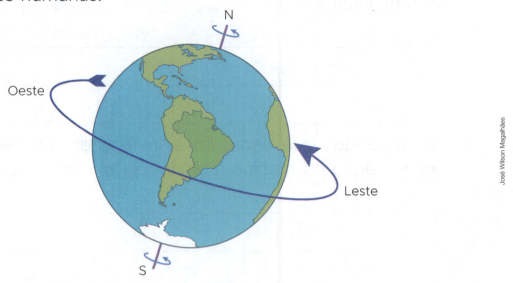

Se não houvesse o movimento de rotação, um lado da Terra permaneceria sempre escuro e frio, e o outro, sempre claro e muito quente.

Observe o desenho.

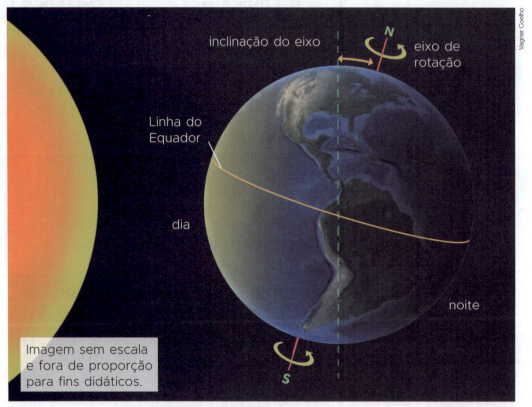

O **eixo de rotação** da Terra é uma linha imaginária. Ela vai do Polo Norte até o Polo Sul, passa pelo centro do planeta e é levemente inclinada.

14

Investigando a redondeza

Meu dia a dia

O movimento de rotação da Terra influencia a organização das atividades diárias das pessoas. A sua rotina também é afetada pelo movimento de rotação. Vamos ver como isso acontece?

Complete a representação a seguir, de acordo com as atividades que você normalmente faz durante o período do dia e no período da noite. Siga as indicações.

1. Observe, no desenho do planeta, quando é dia e quando é noite.
2. Marque as horas nos relógios e escreva nos quadros o que você costuma fazer nos horários marcados.
3. Lembre-se: o tempo que a Terra leva para realizar o movimento de rotação é de 24 horas, ou seja, o período de um dia.

Imagem sem escala e fora de proporção para fins didáticos.

15

O movimento de translação

O que as crianças da fotografia ao lado estão fazendo? Você conhece a brincadeira de roda?

Agora imagine que no centro da roda está o Sol e que o giro das crianças representa o movimento da Terra e dos outros planetas em torno dessa estrela.

Além do movimento de rotação, responsável pela sucessão dos dias e das noites, a Terra faz outro movimento: o de **translação**, que dura um ano.

Crianças em brincadeira de roda.

Observe as imagens a seguir, converse com os colegas e o professor e responda: Quanto tempo se passou entre uma fotografia e outra?

Menino apagando vela no aniversário de 7 anos.

O mesmo menino comemorando aniversário de 8 anos.

Se você respondeu que as imagens mostram o período entre dois aniversários de uma mesma criança – um ano –, acertou! Toda vez que uma pessoa faz aniversário, passou mais um ano em sua vida. Nosso planeta leva esse mesmo período para completar uma volta ao redor do Sol.

Pense e responda:

a) Tempo decorrido, em anos, entre seu nascimento e seu último aniversário:

_____

b) Quantas vezes a Terra completou o movimento de translação desde seu nascimento?

_____

16

As estações do ano

O movimento de translação da Terra origina as estações do ano. Você sabe quais são elas?

Primavera, **verão**, **outono** e **inverno** são as quatro estações que ocorrem no período de um ano. Isso acontece por causa do movimento da Terra em torno do Sol e de seu eixo inclinado. De acordo com a época do ano, a luz solar atinge a Terra de diferentes formas, determinando as estações. Veja com atenção o esquema a seguir.

Movimento de translação

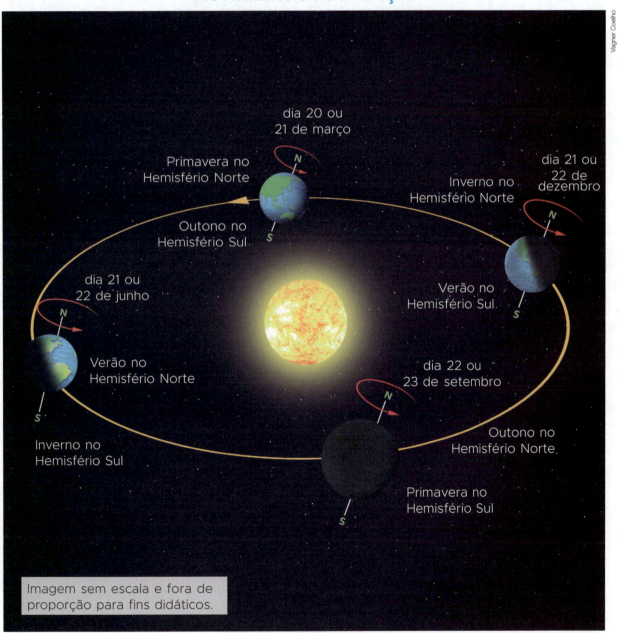

Imagem sem escala e fora de proporção para fins didáticos.

17

1. No Brasil, as estações do ano têm características diferentes dependendo da região. Com a ajuda do professor, descreva como são as estações no lugar onde você vive.

a) Município onde vivo: _____.

b) Estado onde vivo: _____.

c) Como é:

- a primavera;

_____

_____

_____

- o verão;

_____

_____

_____

- o outono;

_____

_____

_____

- o inverno.

_____

_____

_____

_____

Os hemisférios terrestres

As estações do ano ocorrem em momentos diferentes nos hemisférios Norte e Sul da Terra. Mas o que são hemisférios?

Hemisfério significa "metade de uma esfera". Sabemos que a Terra tem a forma arredondada, como uma esfera. Assim, se dividirmos o planeta ao meio, com uma linha imaginária, temos os seguintes hemisférios:

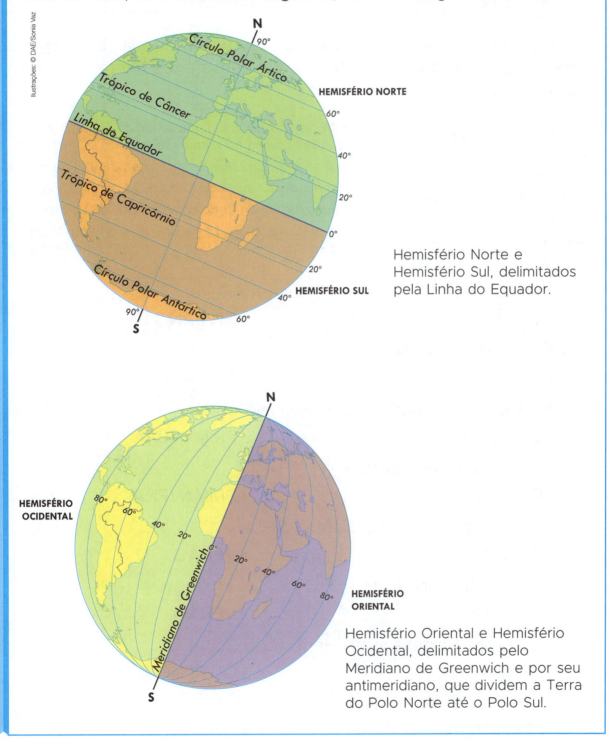

Hemisfério Norte e Hemisfério Sul, delimitados pela Linha do Equador.

Hemisfério Oriental e Hemisfério Ocidental, delimitados pelo Meridiano de Greenwich e por seu antimeridiano, que dividem a Terra do Polo Norte até o Polo Sul.

1. Relembre o que você aprendeu e complete as frases com as palavras corretas.

a) Os hemisférios Norte e Sul são divididos pela _____.

b) O Meridiano de Greenwich divide a Terra em dois hemisférios, o

Hemisfério _____ e o Hemisfério _____.

2. Observe as datas comemorativas listadas a seguir. Em seguida, relacione-as às estações do ano nos hemisférios Norte e Sul e circule as respostas corretas.

Dia 8 de janeiro – Dia do Fotógrafo Dia 29 de maio – Dia do Geógrafo Dia 26 de julho – Dia da Avó Dia 15 de outubro – Dia do Professor	Datas aproximadas em que se iniciam e terminam as estações do ano no Hemisfério Sul Verão: de 21 ou 22 de dezembro a 20 ou 21 de março Outono: de 20 ou 21 de março a 20 ou 21 de junho Inverno: de 20 ou 21 de junho a 22 ou 23 de setembro Primavera: de 22 ou 23 de setembro a 21 ou 22 de dezembro

a) No Dia do Fotógrafo, no Hemisfério Sul é:

- VERÃO.
- INVERNO.

E no Hemisfério Norte é:

- VERÃO.
- INVERNO.

b) No Dia do Geógrafo, no Hemisfério Sul é:

- OUTONO.
- PRIMAVERA.

E no Hemisfério Norte é:

- OUTONO.
- PRIMAVERA.

c) No Dia da Avó, no Hemisfério Sul é:

- INVERNO.
- VERÃO.

E no Hemisfério Norte é:

- INVERNO.
- VERÃO.

d) No Dia do Professor, no Hemisfério Sul é:

- PRIMAVERA.
- OUTONO.

E no Hemisfério Norte é:

- PRIMAVERA.
- OUTONO.

Isto é Cartografia

Os paralelos e os meridianos

Você conhecerá agora um pouco melhor as linhas imaginárias que delimitam os hemisférios da Terra e que já vimos anteriormente.

As linhas imaginárias que aparecem nos mapas e em outras representações da Terra são muito importantes. Elas auxiliam na localização dos lugares na superfície do planeta e são chamadas de **paralelos** e **meridianos**.

A **Linha do Equador**, que circunda a porção mais larga da Terra no sentido leste-oeste e divide o planeta nos hemisférios Norte e Sul, é denominada de **paralelo**. Há outros importantes **paralelos**: Trópico de Câncer, Trópico de Capricórnio, Círculo Polar Ártico e Círculo Polar Antártico. Identifique essas linhas na representação a seguir.

Circundar: formar um círculo, traçar uma linha em torno.

Muitas vezes as linhas imaginárias são indicadas por marcos, como o que vemos na fotografia, que indica por onde passa a Linha do Equador, no Amapá, Região Norte do Brasil (fotografia de 2015).

21

O **Meridiano de Greenwich** é uma linha imaginária que liga o Polo Norte ao Polo Sul do planeta. Ele é considerado o principal **meridiano** porque divide a Terra nos hemisférios Oriental e Ocidental. Com base no Meridiano de Greenwich são determinados os outros meridianos que circundam a Terra.

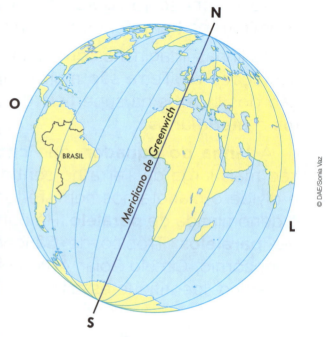

O Meridiano de Greenwich também é uma linha imaginária identificada por um marco no terreno. Esse marco, fotografado em 2015, fica na cidade de Londres, na Inglaterra, e indica por onde o meridiano passa.

Os paralelos e os meridianos são representados nos mapas e servem para auxiliar na localização dos lugares. Observe um mapa-múndi com alguns paralelos e meridianos.

Planisfério: paralelos e meridianos

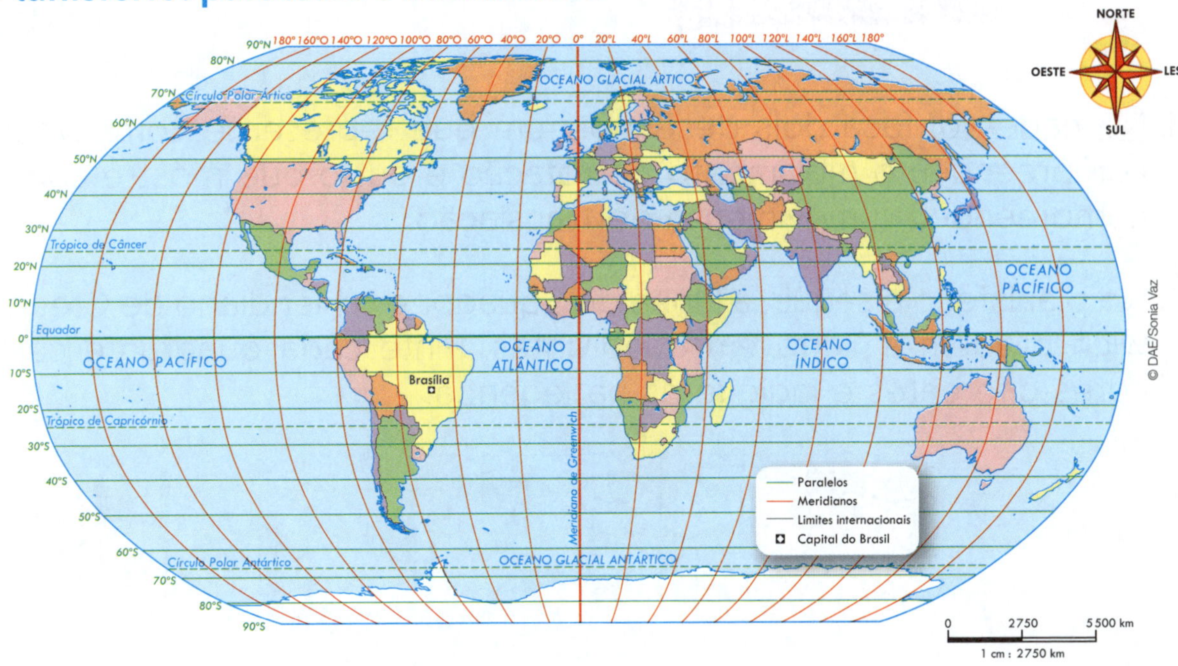

Fonte: *Atlas geográfico escolar*. 7. ed. Rio de Janeiro: IBGE, 2016. p. 32.

1. Agora responda:

a) O que são paralelos?

_____

_____

_____

b) O que são meridianos?

_____

_____

_____

c) Por que existem paralelos e meridianos nas representações cartográficas?

_____

_____

_____

23

Retomada

1. No caderno, faça dois desenhos: um que represente como você compreendeu o movimento de rotação e outro que mostre como compreendeu o movimento de translação.

2. No planisfério a seguir, a Linha do Equador e o Meridiano de Greenwich dividem a Terra em quadrantes. Pinte cada quadrante com cores diferentes e indique-as na legenda.

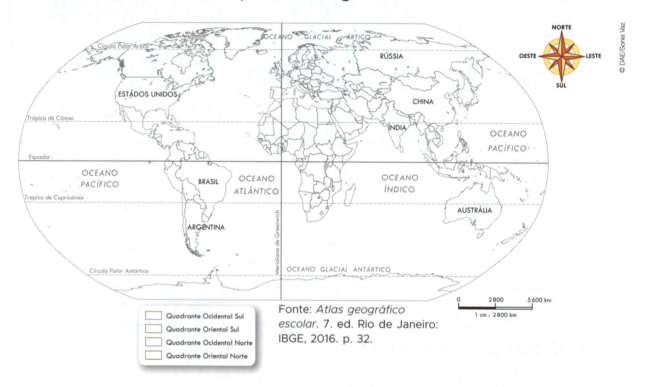

Fonte: *Atlas geográfico escolar.* 7. ed. Rio de Janeiro: IBGE, 2016. p. 32.

Siga o exemplo abaixo e identifique no mapa os quadrantes onde se localizam os países citados nas demais frases.

- Jean ganhou um brinquedo fabricado na China. Esse país fica no quadrante Oriental Norte.

a) O *hot dog* é muito consumido nos Estados Unidos. Esse país fica no quadrante _____.

b) Josélia visitou a Austrália e a Rússia, então, ela já esteve nos quadrantes _____ e _____.

c) Na Argentina, a língua falada é o espanhol. Esse país fica no quadrante _____.

24

3. Foram traçadas linhas horizontais no mapa do Brasil que representam os paralelos, e linhas verticais que representam os meridianos. Observe também a rosa dos ventos no mapa, que mostra os pontos cardeais: norte, sul, leste e oeste.

Fonte: *Atlas geográfico escolar*. 7. ed. Rio de Janeiro: IBGE, 2016. p. 90.

a) Escreva o nome das capitais brasileiras que estão no encontro dos quadrinhos indicados a seguir.

- Linha horizontal **11** e linha vertical **H**:

_____

- Linha horizontal **14** e linha vertical **J**:

_____

- Linha horizontal **15** e linha vertical **I**:

_____

b) Encontre no mapa a localização indicada e escreva o nome do estado ao qual ela pertence.

Localização	Nome do estado
5 E	
5 I	
6 L	
8 I	
8 N	
10 L	
13 I	

25

Periscópio

📖 Para ler

A menina que batizou Plutão, de Marc McCutcheon. São Paulo: Cosac Naify, 2010.
Conheça a história de Venetia Burney, que, com sua grande curiosidade, encontrou um nome apropriado para um astro. Além dessa incrível história, leia sobre outros jovens cientistas e seus feitos pelo mundo.

O Sistema Solar Na aula da professora Zulema, de Juliana Romanzini e outros. Londrina: Eduel, 2009.
Em uma aula numa escola de Ensino Fundamental, a professora explica de modo muito interessante o Sistema Solar, a localização e as características de cada corpo que o constitui.

Estrelas e planetas, de Pierre Winters. São Paulo: Brinque-Book, 2011.
Você quer saber tudo das estrelas e dos planetas? Nesse livro você lerá muitas informações sobre a Terra, a Lua, o Sol, as estrelas e outros planetas. Por que existem o dia e a noite? Por que o formato da Lua muda? O Sol é uma estrela? Que planetas existem? Para essas e muitas outras dúvidas, você encontrará respostas.

👆 Para acessar

Sistema Solar: enquanto você joga, conhece o Sistema Solar – afinal, viajar pelo espaço não é moleza! Se aceitar o desafio, preste muita atenção em tudo!
Disponível em: <www.escolagames.com.br/jogos/sistemaSolar>. Acesso em: ago. 2017.

UNIDADE 2

O Brasil no mundo

Observe o continente americano no globo terrestre.

América – 2016

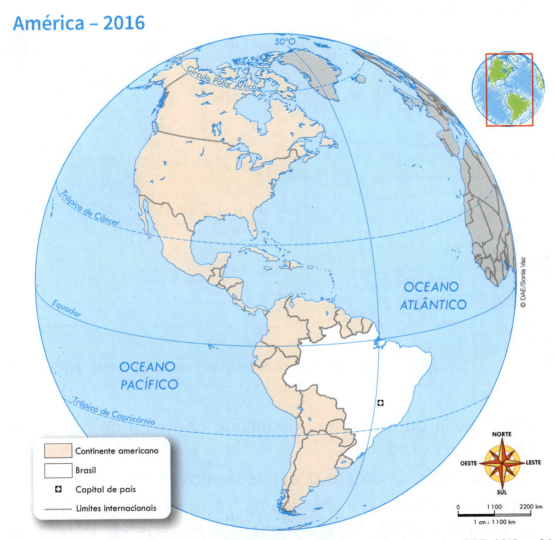

Fonte: *Atlas geográfico escolar*. 7. ed. Rio de Janeiro: IBGE, 2016. p. 34.

1. Escolha uma cor, pinte o território brasileiro e preencha a legenda.

2. Escreva no globo terrestre o nome da capital do Brasil.

27

Continentes e oceanos da Terra

O que é um continente? Quantos continentes há na Terra? E quantos são os oceanos? Você conhece o nome de cada um deles?

1. O mapa a seguir é chamado de **planisfério** ou **mapa-múndi**. Entretanto, ele está sem cor, pois é você quem deve pintá-lo! Siga as instruções abaixo do mapa.

Continentes da Terra – 2016

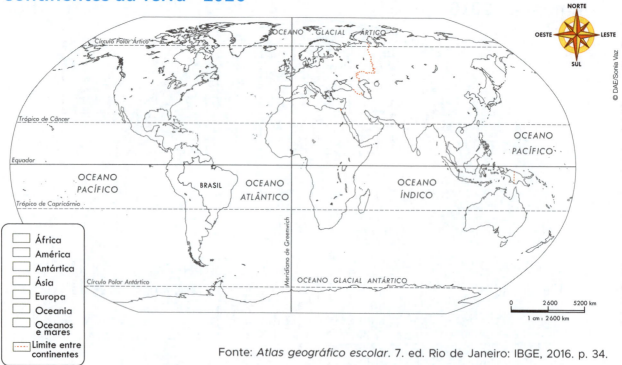

Fonte: *Atlas geográfico escolar*. 7. ed. Rio de Janeiro: IBGE, 2016. p. 34.

a) Com a ajuda do professor, identifique no mapa os continentes, o Brasil e os oceanos.

b) Pinte de azul os mares e oceanos de nosso planeta.

c) Pinte cada um dos continentes da Terra de uma cor diferente, de sua preferência. Indique cada cor na legenda conforme o continente escolhido para ela.

d) Trace linhas horizontais dentro dos limites do território brasileiro para destacá-lo dentro do continente ao qual pertence.

2. Agora observe o mapa que você pintou e responda:

a) Na superfície terrestre há mais terras continentais ou oceanos?
_____

b) Existem continentes cujas terras são separadas de outros continentes por oceanos? Quais?
_____

c) Em qual continente está localizado o Brasil?
_____

d) Que oceano banha o território brasileiro?
_____

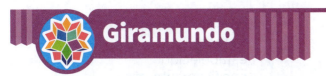

Quem nasce na América é?

Você já viu a expressão "continente americano" sendo usada como sinônimo de "América", não é mesmo? Isso ocorre porque podemos nos referir aos continentes terrestres de formas diferentes.

1. Com a ajuda do professor, complete o quadro com os adjetivos referentes aos continentes de nosso planeta.

Continente	Adjetivos
América	continente _____
África	continente _____
Antártica	continente _____
Ásia	continente _____
Europa	continente _____
Oceania	continente _____

29

Brasil: limites e fronteiras

Em um mapa, é possível observar os **limites**, ou seja, as linhas imaginárias que indicam onde começa ou termina um território. Esses limites podem ser entre continentes, países, estados, municípios e até entre bairros, como já estudamos em anos anteriores.

Entre os países, por exemplo, os limites são definidos por meio de **acordos diplomáticos** entre os governantes ou até por meio de guerras.

Entretanto, para que os limites sejam estabelecidos formalmente no terreno, podem-se tomar como referência elementos naturais como rios e morros ou, ainda, podem ser criados **marcos**, elementos construídos, como placas, pontes ou rodovias. As faixas de terra próximas aos limites recebem o nome de **fronteiras**.

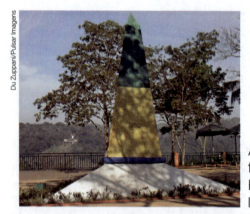

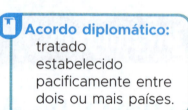

Acordo diplomático: tratado estabelecido pacificamente entre dois ou mais países.

A imagem mostra o marco das três fronteiras. Ele indica a fronteira entre Brasil, Paraguai e Argentina. Foz do Iguaçu, Paraná, 2016.

1. Complete as frases com as palavras **o limite** ou **a fronteira**.

a) Jerônimo mora em Osasco, no estado de São Paulo, e trabalha na capital, que é um município vizinho. Todos os dias ele atravessa _____ entre os dois municípios.

b) _____ entre Brasil e Argentina é uma região muito vigiada pela Polícia Federal.

c) Vários terremotos foram sentidos nas cidades localizadas entre _____ do Peru com o Chile.

d) O rio Niágara indica _____ entre os Estados Unidos e o Canadá.

30

O Brasil e seus vizinhos

Quais países da América do Sul são vizinhos do Brasil?

A América do Sul é a segunda maior região do continente americano. O mapa a seguir mostra os países que formam essa região. Observe seus territórios e identifique os países vizinhos do Brasil.

América do Sul: político – 2016

Fonte: *Atlas geográfico escolar*. 7. ed. Rio de Janeiro: IBGE, 2016. p. 41.

31

1. Observe o mapa atentamente com o professor, depois responda:

a) Quantos países existem na América do Sul?

_____

b) Escolha três países, escreva o nome deles e o de suas respectivas capitais.

_____

c) Quais países e territórios da América do Sul têm limites com o Brasil?

_____

_____

d) Há países que não se limitam com o Brasil? Quais são eles?

_____

Para saber mais

No Brasil fala-se português, na Argentina, espanhol...

Na Argentina fala-se espanhol, como em quase todos os países da América do Sul, com exceção do Brasil, onde se fala português; da Guiana Francesa, cuja língua é o francês; da Guiana, onde se fala inglês; e do Suriname, cuja língua oficial é o holandês.

Isso acontece porque quando os europeus chegaram à América nos séculos XV e XVI, ocorreram disputas por terras. Assim, para diminuir os conflitos, os países acordaram que uma parte das terras passaria a pertencer a Portugal e outra, à Espanha. A maior parte do que hoje é o território brasileiro pertencia a Portugal; por isso, nosso idioma de origem é o português. Já nas outras terras, que pertenciam à Espanha, o idioma oficial é o espanhol. Mais tarde, ingleses, franceses e holandeses conquistariam porções de terra menores.

Além disso, em vários países da América do Sul, muitos povos, como os yanomamis, no Brasil, e os quíchuas, no Peru, falam as línguas de suas próprias etnias.

Isto é Cartografia

Limites e direções

Você já reconheceu os países que fazem limite com o Brasil, não é mesmo? Agora vamos localizar esses países utilizando a rosa dos ventos?

Antes veja a imagem ao lado.

A rosa dos ventos é uma representação gráfica que indica os pontos cardeais (norte, sul, leste e oeste) e colaterais (nordeste, noroeste, sudeste e sudoeste). Geralmente, a rosa dos ventos faz parte dos mapas e sua função é nos auxiliar na localização de países, estados e cidades.

Observe o mapa a seguir. Ele representa os países da América do Sul, onde o Brasil está localizado, e a área onde vivem duas espécies de aves chamadas caboclinhos. Veja também o nome científico dessas aves na legenda.

América do Sul: hábitat dos caboclinhos – 2016

Fonte: *Atlas geográfico escolar*. 7. ed. Rio de Janeiro: IBGE, 2016. p. 41. Revista *Pesquisa FAPESP*. Disponível em: <http://revistapesquisa.fapesp.br/2015/10/14/a-origem-dos-caboclinhos/>. Acesso em: jul. 2017.

33

1. Observe a rosa dos ventos no mapa e escreva o nome de países ou territórios que estão:

a) ao norte do Brasil;

_____

b) a sudoeste do Brasil;

_____

c) a oeste do Brasil;

_____

d) a noroeste do Brasil;

_____

e) ao sul do Brasil.

_____

2. De acordo com o mapa:

a) Em quais países ou territórios vive a ave *S. minuta*?

_____

_____

b) Em que parte da América do Sul esses países estão? Assinale a opção correta.

☐ Norte.   ☐ Sul.

c) Em quais países vive a ave *S. ruficollis*?

_____

_____

d) Em que parte da América do Sul esses países estão?

☐ Oeste e Sul.   ☐ Leste e Norte.

34

Para saber mais

Os pontos extremos do Brasil

O Brasil é o país da América do Sul que tem a maior área. A extensão do território brasileiro é de **8.515.767 km²**. Além disso, os pontos extremos – as extremidades do território – estão bem distantes uns dos outros.

Observe o mapa a seguir.

Ao **norte**, o ponto extremo do país é o Rio Ailã, que fica no Monte Caburaí, na fronteira entre o Brasil e a Guiana. Fotografia de 2017.

Fonte: *Atlas geográfico escolar*. 7. ed. Rio de Janeiro: IBGE, 2016. p. 91.

O Rio Moa, na Serra da Contamana, que fica no estado do Acre, é o ponto extremo **oeste** do país. Fotografia de 2017.

O ponto extremo **leste** é o bairro de Ponta do Seixas, em João Pessoa, capital do estado da Paraíba. Fotografia de 2016.

O Arroio Chuí é o lugar que marca o ponto extremo ao **sul** do país. Ele também é um dos limites entre o Brasil e o Uruguai. Fotografia de 2016.

35

A diversidade do território brasileiro

O que você sabe da natureza de nosso país? E da nossa população e nossa cultura? Observe as imagens e leia os textos que as acompanham.

Igarapé em trecho de Floresta Amazônica, em Santarém, Pará, 2017.

No território brasileiro há grande diversidade de paisagens naturais, compostas de variada vegetação e formas de relevo onde atuam climas diferentes. Nos estados da Região Sul do país, por exemplo, pode ocorrer neve no inverno. Na Região Norte há grandes áreas de florestas, como na Amazônia, com exuberante vegetação e numerosos rios, em razão do clima mais quente e chuvoso.

Na imagem, vista de construções em Blumenau, Santa Catarina, 2016.

A população brasileira é composta de pessoas que descendem principalmente de grupos indígenas, africanos e europeus. Nos estados de Santa Catarina e São Paulo, por exemplo, as construções de algumas cidades ainda mantêm as características culturais dos grupos que chegaram à região, como italianos e alemães.

A maior parte dos brasileiros vive em cidades. Há no país grandes cidades com mais de um milhão de habitantes, como o Rio de Janeiro, que tem cerca de 6 milhões de habitantes (fotografia). Há também muitas cidades pequenas, com até 5 mil habitantes.

Rio de Janeiro, estado do Rio de Janeiro, 2016.

No Brasil há vários tipos de indústrias, desde as que transformam produtos vindos do campo, como as agroindústrias, até as indústrias que fabricam aviões.

Linha de montagem de empresa aeronáutica em São José dos Campos, São Paulo, 2015.

O país também é um grande produtor agrícola mundial, destacando-se na produção de soja, milho, cana-de-açúcar (fotografia), entre outros. Além disso, destaca-se com grandes criações de animais e tem o maior rebanho bovino do mundo.

Colheita mecanizada de cana-de-açúcar em Presidente Bernardes, São Paulo, 2015.

1. Leia com atenção a composição a seguir.

Arrumei as minhas malas
E de viagem saí
Pra conhecer o Brasil
Do Oiapoque ao Chuí
E pra falar a verdade
Eu tenho muita saudade
De tudo que conheci

No Rio Grande do Sul
Eu dancei o **vanerão**
Dividi com um índio velho
A cuia de um chimarrão
[...]

Paraná tem Curitiba
Modelo de capital
Cataratas do Iguaçu
Beleza internacional

São Paulo que nunca para
Tem progresso tem fartura
É o mais rico dos estados
Na indústria e agricultura

Fui no Rio de Janeiro
Vi o Cristo Redentor
Praia de Copacabana
Conheci um grande amor

Do Rio pra Minas Gerais
tive que seguir sozinho
Fui conhecer Ouro Preto
E as obras do **Aleijadinho**

O estado do Amazonas
Eu também passei por lá
Conheci a Zona Franca
E a festa do **Boi-Bumbá**

De lá voei pro Nordeste
Direto pra Salvador
Vi a igreja do Bonfim
E o carnaval do **Pelô**

Saudade foi me apertando
Não deu pra continuar
Voltei pro meu Mato Grosso
Meu aconchego, meu lar
[...]

DO OIAPOQUE AO CHUÍ
Alcino Alves / Teodoro
Copyright: PEERMUSIC DO BRASIL
PEERMUSIC DO BRASIL ED.
MUSICAIS LTDA.

Em uma roda de conversa organizada pelo professor, discuta com os colegas:

- Sobre o que fala a música?
- Qual é o significado das palavras em destaque no texto: "vanerão", "Aleijadinho", "Boi-Bumbá" e "Pelô"?
- Na letra são citados vários estados brasileiros. Você já visitou algum desses estados? E as atrações citadas, você conhece alguma delas?

2. Agora responda às questões.

a) Qual é o principal assunto abordado no texto da página anterior e nas imagens das páginas 36 e 37?

_____

b) Alguma paisagem mostrada nas fotografias das páginas 36 e 37 se parece com aquelas do lugar onde você vive? Qual?

_____

_____

c) De acordo com as características do território brasileiro, pode--se dizer que o Brasil tem muitos recursos naturais? Explique o que você pensou.

_____

_____

_____

d) Pode-se dizer também que no Brasil a população urbana é maior do que a rural? Por quê?

_____

_____

_____

3. De acordo com as informações das páginas 36 e 37, assinale com um **X** os itens que completam a sentença corretamente. O Brasil:

☐ tem muitas indústrias;

☐ é somente urbano;

☐ não tem agricultura;

☐ é formado apenas pela população indígena;

☐ tem grandes criações de animais.

As grandes regiões brasileiras

Em que região do Brasil você vive? Você sabe o que é uma região? O mapa a seguir mostra os estados e as regiões brasileiras. Observe-o com atenção.

Regiões brasileiras (IBGE) – 2016

Fonte: *Atlas geográfico escolar*. 7. ed. Rio de Janeiro: IBGE, 2016. p. 94.

Para compreender melhor a realidade e a diversidade de nosso país, os pesquisadores do Instituto Brasileiro de Geografia e Estatística (IBGE) agruparam os estados brasileiros em cinco grandes regiões: **Norte**, **Nordeste**, **Centro-Oeste**, **Sudeste** e **Sul**.

Essa divisão considerou as semelhanças entre os territórios, como características do clima, da vegetação, da população, das atividades econômicas, entre outras.

40

1. O estado onde você vive faz parte de qual região?

_____

2. Os quadros a seguir apresentam alguns aspectos importantes de cada uma das regiões brasileiras. Faça a leitura dos quadros e, ao mesmo tempo, identifique a localização de cada região no mapa correspondente.

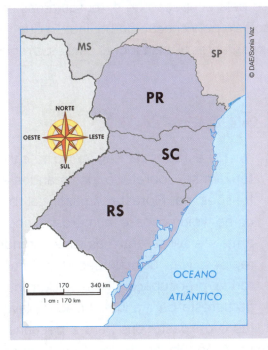

Região Sul

A Região Sul é a menor entre as cinco grandes regiões definidas pelo IBGE. Os estados que a compõem desenvolvem diferentes atividades agropecuárias: o plantio de grãos e cereais, como trigo, milho, feijão e aveia, por exemplo; e a criação de aves e suínos. Os estados do Sul foram ocupados por migrantes vindos de outras regiões brasileiras e também por muitos imigrantes europeus, como italianos, alemães e portugueses. Por essa razão, em várias cidades da região, pode-se observar grande influência cultural desses grupos.

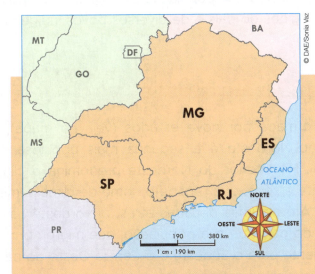

Região Sudeste

É a região mais populosa, ou seja, a que abriga mais habitantes. Segundo dados do IBGE de 2016, cerca de 42% da população brasileira vive no Sudeste. Também é nessa região que se localizam as duas maiores cidades do Brasil: São Paulo e Rio de Janeiro. O Sudeste concentra a maior parte das indústrias do país, pois é a região onde essa atividade econômica mais se desenvolveu. Por isso, atraiu muitos migrantes vindos de diversas regiões, principalmente do Nordeste e do Sul.

41

Região Centro-Oeste

Segundo dados do IBGE, de 2016, a Região Centro-Oeste é a menos populosa do país, com cerca de 7% da população brasileira. As formas de vegetação predominantes são o pantanal e o cerrado. No Centro-Oeste está localizada a capital do país, Brasília, no interior do Distrito Federal. Nas últimas décadas, o Centro-Oeste vem destacando-se pela ocupação de extensas áreas com culturas agrícolas e pela criação de bovinos, o que tem atraído muitos migrantes trabalhadores para essa região.

Região Norte

Os estados da Região Norte caracterizam-se, sobretudo, por grandes extensões da Floresta Amazônica, bem como volumosos e numerosos rios. É a mais extensa entre as cinco grandes regiões. Nas últimas décadas aumentou a preocupação com a derrubada da floresta para a introdução de lavouras e de pastagens para a pecuária, o que ameaça várias espécies de plantas e animais. A população da região é composta principalmente de migrantes de várias regiões do país e de diversos povos indígenas.

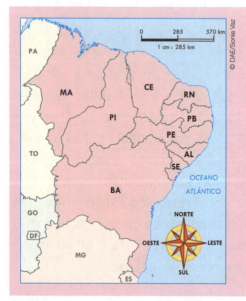

Região Nordeste

Formada por nove estados (veja no mapa), a Região Nordeste é a segunda mais populosa do Brasil. No interior do Nordeste predomina o clima quente e seco, que recebe o nome de clima semiárido. Até algumas décadas atrás, o Nordeste havia perdido parte de sua população, que migrou principalmente para o Sudeste e o Centro-Oeste do país. Hoje a região vem se destacando entre as que mais crescem economicamente no país, sobretudo com o desenvolvimento do turismo e da indústria.

3. Veja o mapa da página 40 e complete o quadro com as siglas dos estados, do Distrito Federal e o nome das regiões que faltam.

Regiões do Brasil (IBGE) – 2016				
Norte	**Nordeste**		**Sudeste**	
AM	MA	MT	SP	PR
AC	PE	GO		SC
TO		MS		
		DF		
	SE			
	PB			

Fonte: *Atlas geográfico escolar*. 7. ed. Rio de Janeiro: IBGE, 2016. p. 94.

4. Pesquise algumas informações sobre cada região estudada e escreva o que se pede a seguir.

a) Uma planta encontrada na Região Norte.

_____

b) Um prato típico da Região Sul.

_____

c) Uma festa ou comemoração típica da Região Nordeste.

_____

d) Um lugar turístico da Região Centro-Oeste.

_____

e) Uma atividade econômica da Região Sudeste.

_____

Retomada

1. Veja a fotografia, leia o texto e marque a alternativa que responde a cada questão.

Ponte Internacional da Integração, na divisa entre a Argentina e o Brasil. São Borja, Rio Grande do Sul, 2014.

    Meu nome é Andrea. Nasci e moro na cidade de São Borja, no estado do Rio Grande do Sul. Minha cidade não é muito grande, porém tem algo que a torna muito especial: ela está na região de fronteira com outro país, a Argentina. O limite entre minha cidade e a cidade de Santo Tomé, que fica na Argentina, é o Rio Uruguai. Para chegar até a Argentina, eu preciso apenas atravessar uma ponte, chamada Ponte Internacional da Integração, que foi construída sobre o Rio Uruguai. O limite, simbolicamente, fica bem no meio da ponte. As outras cidades vizinhas são todas brasileiras. Daqui, ir para outro país é muito fácil!

a) Como se chama o rio que marca o **limite** entre São Borja e Santo Tomé?

☐ Argentina. ☐ Paraná. ☐ Uruguai.

b) Como se chama o país visitado por Andrea e que faz **limite** com o Brasil?

☐ Uruguai. ☐ Argentina. ☐ Paraguai.

c) O que Andrea precisa fazer para ir até o país vizinho?

☐ Pegar um avião e fazer uma grande viagem internacional.

☐ Embarcar em um ônibus que passa por dois estados.

☐ Atravessar a Ponte Internacional da Integração.

d) Como se chamam a cidade e o estado onde Andrea mora?

☐ Santo Tomé, Rio Grande do Sul.

☐ São Borja, Argentina.

☐ São Borja, Rio Grande do Sul.

2. Leia o texto abaixo e sublinhe o nome dos estados e das regiões brasileiras mencionados. Localize no mapa da página 40 os estados e as regiões que sublinhou. Em seguida, copie no caderno o mesmo texto, agora, porém, substituindo a sigla dos estados citados pelo nome deles por extenso.

Nesta segunda-feira, ocorrerão pancadas de chuva que poderão ser localmente fortes e gerar acumulados significativos de precipitação em pontos isolados da Região Norte, Centro-Oeste, MG, norte e oeste de SP, ES, MA, PI, norte e oeste do CE, sul e oeste da BA. Na faixa litorânea entre o sul do RJ e o RS, há possibilidade de chuva, principalmente entre o sul de SP e SC. Possibilidade de pancadas de chuva no oeste de SC, oeste do PR e parte central de SP, norte do RJ, parte do oeste do RN, da PB, de PE, setor central e parte do sul da BA.

Instituto Nacional de Pesquisas Espaciais. Disponível em: <http://tempo.cptec.inpe.br>. Acesso em: 27 mar. 2017.

Periscópio

📖 Para ler

Nem todo mundo brinca assim!, de Ivan Alcântara e Newton Foot. São Paulo: Escala Educacional, 2005.
O mundo é grande, não é mesmo? E você, gosta de brincar? Será que em todos os lugares do mundo as brincadeiras são iguais? Esse livro mostra diferenças entre os povos que vivem muito distante de nós.

Capoeira, de Sonia Rosa. Rio de Janeiro: Pallas, 2013. Coleção Lembranças Africanas.
Capoeira é dança, jogo ou luta? Esse livro conta a história dessa importante expressão cultural brasileira.

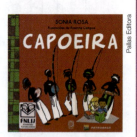

Este admirável mundo louco, de Ruth Rocha. São Paulo: Salamandra, 2009.
Um extraterrestre, uma cidade cheia de gente e uma escola em que os alunos ficam dentro de vidros. O que tudo isso tem em comum? Esse livro apresenta histórias bem engraçadas da realidade de nosso país!

👆 Para acessar

IBGE 7 a 12: *site* do IBGE especialmente desenvolvido para crianças!
Disponível em: <http://7a12.ibge.gov.br>. Acesso em: jun. 2017.

Quebra-cabeças de mapas, no *site* IBGE 7 a 12: vamos montar mapas? Mas você tem de ser rápido!
Disponível em: <https://educa.ibge.gov.br/criancas/brincadeiras-2/19591-quebra-a-cabeca-mapas.html>. Acesso em: maio 2018.

Escola *Games*: nesse jogo eletrônico, você viajará por todos os continentes do planeta a bordo de um avião. E o melhor: você será o piloto!
Disponível em: <www.escolagames.com.br/jogos/mapaMundi/>. Acesso em: jun. 2017.

O relevo e suas formas

A imagem de satélite abaixo mostra uma paisagem do município de Itabira, estado de Minas Gerais. Observe-a com atenção.

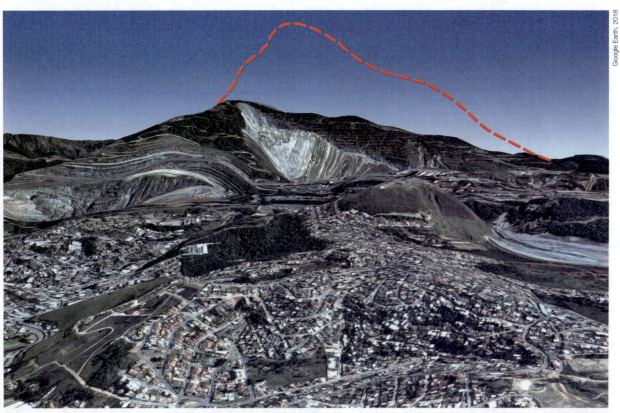

Imagem de satélite em três dimensões de Itabira, Minas Gerais, 2016.

Em primeiro plano está a cidade e, mais ao fundo, há uma escavação, resultado da atividade mineradora. O pontilhado na imagem mostra a silhueta do morro que havia ali, o Pico do Cauê. Pinte de uma cor à sua escolha a área entre a escavação e o pontilhado (no céu) e descubra como era essa forma de relevo. E então, o que achou? Como é por que essa forma desapareceu? Converse com os colegas e o professor a respeito disso.

O relevo e nosso dia a dia

Você já notou como é o relevo do lugar onde vive? Sabe identificar as diferentes formas de relevo na paisagem desse lugar? Conte aos colegas o que conhece desse assunto.

1. Leia com atenção a historinha e depois responda às questões.

Ladeira acima, ladeira abaixo!

48

- As crianças andaram por ruas **íngremes**. Há ruas íngremes no caminho de sua casa até a escola? Já andou por elas?

- Você e os colegas conseguem identificar algumas formas de relevo próximas à escola? Quais são elas?

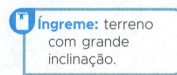

Íngreme: terreno com grande inclinação.

Assim como os personagens, você também já deve ter percebido diferenças na superfície dos terrenos, seja no lugar onde vive, seja em outros lugares, não é?

Algumas ruas e estradas são planas, já outras podem ser bastante íngremes. Também há lugares com muitos morros e vales. Enfim, em cada lugar, no campo ou na cidade, a superfície do terreno tem características diferentes.

Essas diferenças no formato da superfície terrestre, como morros, ladeiras, vales e áreas mais planas, são chamadas de **relevo**.

As diferentes formas do relevo

Vamos conhecer alguns exemplos de formas do relevo? Observe.

Montanhas são as maiores elevações do planeta Terra, como as montanhas de Cerro Pochoco, Santiago, Chile, 2016.

Serras são conjuntos de elevações com grandes desníveis, como a Serra do Mar, que se estende por boa parte do litoral brasileiro. Na imagem, Serra do Mar em Morretes, Paraná, 2015.

Chapadas são elevações do terreno com topo plano. Na fotografia vemos a Chapada dos Guimarães, no estado de Mato Grosso, Região Centro-Oeste, 2016.

Falésias são formas de relevo encontradas no litoral brasileiro que se originam da ação da água do mar, como estas na praia da Lagoa Azeda, em Jequiá da Praia, Alagoas, 2017.

Giramundo

A Serra da Barriga e o Quilombo dos Palmares

No final dos anos 1500, ao chegarem ao Brasil na condição de escravos, muitos africanos se revoltaram e fugiram das vilas do litoral para se esconder em regiões de difícil acesso, no interior. No atual estado de Alagoas, uma das regiões de refúgio para escravos foi a **Serra da Barriga**. O relevo íngreme e com muitos morros no local dificultava o acesso dos colonizadores europeus. Assim, os africanos criaram ali uma comunidade, ou **quilombo**, que durou aproximadamente 100 anos. Lá eles cultivavam a terra e mantinham suas tradições.

Infelizmente, em 1694, o **Quilombo dos Palmares**, como ficou conhecido mais tarde, foi destruído pelos bandeirantes paulistas. Contudo, ainda hoje essa área na Serra da Barriga é reconhecida como um símbolo da luta dos afrodescendentes brasileiros pela igualdade de direitos em nosso país. E você, já tinha ouvido falar do Quilombo dos Palmares?

Região da Serra da Barriga, em Alagoas, 2015.

O Parque Memorial Quilombo dos Palmares foi criado em 2007 para preservar a história do local e sua importância. União dos Palmares, Alagoas, 2017.

As unidades do relevo brasileiro

O conjunto das formas terrestres nas paisagens dos lugares onde vivemos faz parte do que os estudiosos chamam de **grandes unidades de relevo**.

No Brasil, em especial, encontramos três grandes unidades de relevo: os planaltos, as depressões e as planícies.

Observe a ilustração abaixo e, com o professor e os colegas, leia a definição de cada unidade de relevo.

Área de depressão em Quixadá, Ceará, 2015.

Nas **depressões**, as formas de relevo são mais baixas e planas do que nas áreas de planalto, já que, geralmente, foram muito desgastadas, especialmente pela ação das águas.

Nos **planaltos**, as superfícies das formas de relevo são mais irregulares e onduladas, como os morros e as colinas. Em geral os planaltos são mais altos do que as planícies e depressões.

Sedimentos: pequenos pedaços de rochas ou outros materiais sólidos de origem vegetal ou mineral, transportados para as áreas mais baixas pelas águas das chuvas, dos rios ou pelo vento.

Área de planalto em Cavalcante, Goiás, 2016.

Área de planície em Mato Grosso do Sul, 2015.

As formas de relevo das **planícies** são bastante planas e com baixas altitudes. Elas recebem grande quantidade de *sedimentos*, vindos, em sua maioria, das áreas de planalto, depressões ou do mar.

Para saber mais

O mapa do relevo brasileiro

O mapa a seguir mostra as unidades do relevo no Brasil.

Brasil: unidades do relevo – 2008

Fonte: Jurandyr L. S. Ross (Org.). *Geografia do Brasil*. São Paulo: Edusp, 2008.

Agora responda:

1. Quais unidades de relevo predominam no Brasil?

_____

2. Imagine que você fará uma viagem de avião saindo de Boa Vista (ponto A no mapa), capital de Roraima, com destino a Brasília (ponto B no mapa), no Distrito Federal. De acordo com o mapa e seguindo o trajeto, que tipos de unidades de relevo você avistará? Escreva no caderno.

_____

_____

Isto é Cartografia

Altura, altitude e mapa altimétrico

Nas páginas anteriores você conheceu algumas formas de relevo terrestre. Essas formas também se diferenciam de acordo com a altitude. Mas o que é altitude?

Veja o esquema abaixo.

O ponto mais alto da imagem está a 500 metros acima do nível do mar, pois o nível do mar é zero metro.

Essas casas estão a 200 metros acima do nível do mar.

A praia, no desenho, está a zero metro, ou seja, no nível do mar.

A **altitude** é a medida de qualquer ponto da superfície terrestre, na vertical, a partir do nível do mar, que é sempre **zero** metro.

E o que é altura? Leia o quadro a seguir.

55

Qual é sua altura?

Não podemos confundir altitude com altura! **Altura** é a medida de uma pessoa, de um ser vivo (animal ou vegetal) ou de objetos (máquinas, casas, edifícios, torres etc.) desde a base do corpo até a extremidade mais alta. E você, sabe qual é sua altura?

Minha altura é _____.

Agora que você sabe diferenciar altura e altitude, é hora de observar como as formas de relevo podem ser representadas em um mapa, de acordo com as respectivas altitudes. Esses mapas são denominados **mapas altimétricos**.

Observe uma forma de relevo da paisagem da cidade do Rio de Janeiro, conhecida como Pão de Açúcar. Esta fotografia foi tirada do ponto de vista **horizontal**, ou seja, como se estivéssemos olhando para a paisagem de frente.

A altitude está indicada em metros: de 0 metro, que indica o nível do mar, até 396 metros, o ponto mais alto dessa forma de relevo. Capital do estado do Rio de Janeiro, 2016.

Observe agora um desenho criado com base na visão horizontal do relevo apresentado na imagem anterior. Em seguida, pinte as altitudes indicadas de acordo com a legenda.

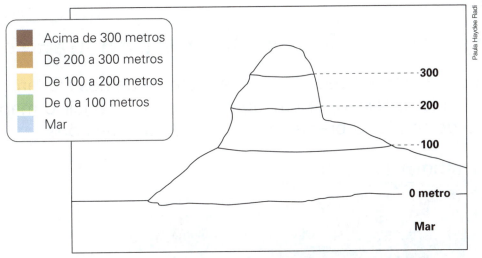

Esse desenho representa as diferentes altitudes do Morro do Pão de Açúcar. Elas estão marcadas de 100 em 100 metros.

A imagem seguinte mostra a mesma forma de relevo, porém observada de outro ponto de vista. Aqui, o Morro do Pão de Açúcar está representado como se o estivéssemos vendo de cima para baixo. Esse ponto de vista é chamado de **vertical**.

Como você fez no desenho do ponto de vista horizontal, consulte a legenda e pinte o esboço do ponto de vista vertical a seguir com as cores indicadas para cada altitude.

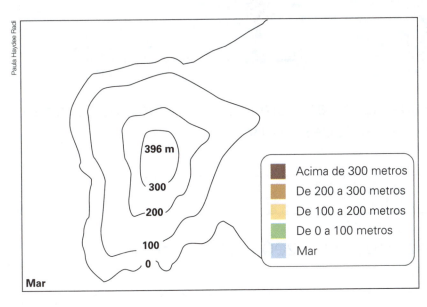

Pronto! Você criou um mapa altimétrico do Morro do Pão de Açúcar com base no ponto de vista vertical. As cores mais fortes representam as maiores altitudes; e as mais claras, as menores altitudes, em relação ao nível do mar.

Leio e compreendo

Mapas

As representações de altitudes no mapa

As representações das altitudes em um mapa nos ajudam a conhecer melhor o relevo de um lugar. Observe a seguir o mapa altimétrico do território brasileiro e responda às questões.

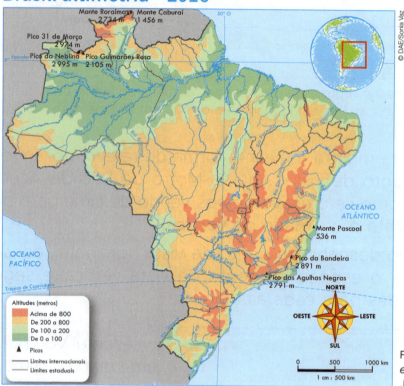

Brasil: altimetria – 2016

Fonte: *Atlas geográfico escolar*. 7. ed. Rio de Janeiro: IBGE, 2016. p. 88.

1. Onde estão localizadas as áreas com maiores altitudes? Onde predominam as menores altitudes no Brasil?

_____

_____

2. Onde predominam altitudes entre 200 e 800 metros?

_____

As transformações do relevo

As formas de relevo são sempre as mesmas? Elas permanecem iguais no decorrer do tempo? Como podemos identificar essas transformações?

Observe as imagens.

A **ação da água das chuvas e do mar**, por exemplo, desgasta o solo, como ocorre na formação das falésias, formas de relevo encontradas em várias regiões litorâneas do mundo. São Miguel do Gostoso, Rio Grande do Norte, 2017.

A **água dos rios** transporta muitos sedimentos, ou seja, pequenos grãos de rochas que são depositados em suas margens, nas partes mais baixas do relevo. Boa Vista, Roraima, 2014.

Os seres humanos transformam o relevo de um lugar quando escavam morros para construir uma estrada ou um túnel, ou ao explorar uma área para mineração. Araxá, Minas Gerais, 2014.

Muitas vezes, em nosso dia a dia, podemos não perceber diretamente a transformação do relevo. No entanto, suas formas estão constantemente sendo modificadas pela ação:

- **da natureza**, quando ocorrem erupções de vulcões e terremotos, por exemplo, que se originam no interior do planeta e podem transformar rapidamente o relevo. A ação da água, a do vento e a do calor do Sol também cria, continuamente, novas formas na superfície terrestre;
- **dos seres humanos**, que modificam o relevo para construir habitações, prédios, pontes, túneis e outras construções, ou fazem escavações para extrair minerais.

Você já observou, de alguma forma, a transformação do relevo no lugar onde mora? Conte aos colegas e ao professor.

Investigando a redondeza

As formas do relevo do lugar onde moro

Para conhecer melhor as formas de relevo do lugar onde você vive, faça um **relatório de observação**. Verifique atentamente as formas de relevo em seu caminho de casa até a escola e registre o que vê. Para auxiliá-lo nessa tarefa, responda no caderno às questões a seguir de acordo com suas observações.

- É possível avistar algum morro pelo caminho?
- Se sim, há algum tipo de construção nele?
- Você passa por alguma parte mais alta do que as outras?
- Existem partes mais baixas do que outras? Em que trecho do caminho?
- Se existem partes mais baixas, elas estão próximas a rios? Explique por que isso ocorre.
- Você encontrou alguma construção adaptada para acompanhar a forma do terreno?
- O que havia nesse caminho antes da cidade (caso more na área urbana) ou das propriedades rurais (caso viva na área rural)? Se necessário, converse com um adulto e colete essas informações.

Agora reúna as respostas que anotou no roteiro e escreva um relato do que você observou. De acordo com a orientação do professor, leia o texto para a turma. Em uma roda de conversa com os colegas e o professor, observe se algum aluno da classe apresenta um texto com informações parecidas com as suas e identifique as regiões da cidade citadas pelos colegas.

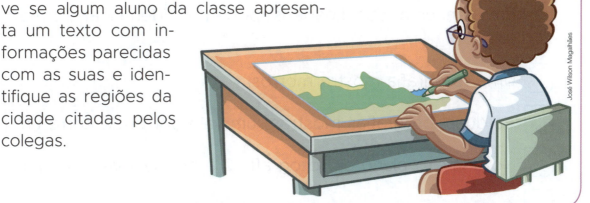

José Wilson Magalhães

Retomada

1. Analise as imagens e escreva **V** nas informações verdadeiras e **F** nas falsas.

Rio Preto, no distrito de Visconde de Mauá, Rio de Janeiro, 2017.

Vista da cidade de Belém, Pará, 2017.

☐ Em uma das fotografias não é possível observar o relevo do lugar.

☐ Em ambas as fotografias é possível identificar diferentes formas de relevo.

☐ Em nenhuma das imagens podemos identificar formas de relevo.

☐ Uma fotografia mostra morros.

☐ As duas fotografias mostram um vale por onde corre um rio.

☐ No primeiro plano da fotografia 2 é possível ver um morro.

☐ A fotografia 2 mostra uma grande planície.

2. Observe as imagens e numere-as de 1 a 3, na ordem que ocorreram.

Agora responda: Qual foi o principal elemento da natureza que modificou o relevo do modo ilustrado nas imagens?

_____

3. Ao lado de cada figura a seguir, estão indicadas as respectivas medidas: altura ou altitude. Assinale a opção correta com **X**.

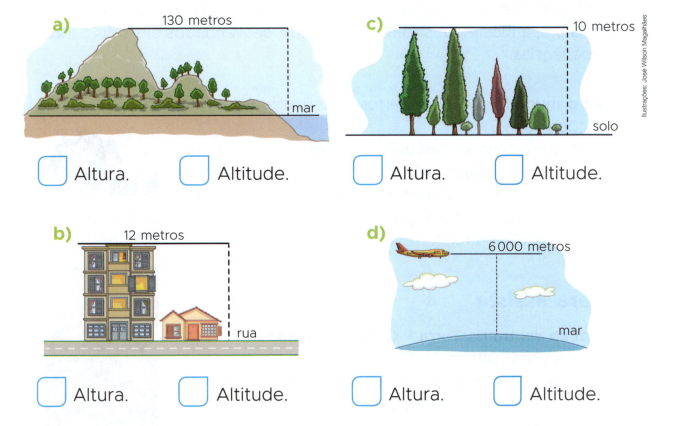

a) 130 metros — ☐ Altura. ☐ Altitude.

b) 12 metros — ☐ Altura. ☐ Altitude.

c) 10 metros — ☐ Altura. ☐ Altitude.

d) 6 000 metros — ☐ Altura. ☐ Altitude.

63

Periscópio

📖 Para ler

O planeta Terra, de Sylvie Baussier. São Paulo: Salamandra, 2007.
De onde vem a água dos oceanos? O que existe no centro da Terra? Como surgiram as montanhas? Conheça melhor nosso planeta e aprenda a cuidar dele com a leitura desse livro.

Formas do relevo, de Daniella Barroso e Paulo Henrique Leite de Souza. São Paulo: Boreal Edições, 2016.
Esse livro pode ser sentido e visto de maneira muito divertida. Conheça melhor as formas de relevo no papel.

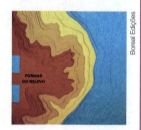

Superciência: Planeta Terra, de Jen Green. São Paulo: Girassol, 2015.
Livro para mentes curiosas conhecerem o planeta Terra: sua formação, estrutura, atmosfera e sistemas climáticos, desvendados em mais de 20 experiências.

Talvez o mundo..., de Alain Serres. São Paulo: Edições SM, 2016.
De onde o mundo nasceu? Ninguém sabe ao certo. E apesar das muitas teorias existentes, há outras tantas por imaginar... Basta inspirar-se na beleza das coisas ao redor e procurar sempre preservá-las, como mostra esse álbum, que faz o leitor pensar no futuro do planeta.

👆 Para assistir

Viagem ao centro da Terra – O Filme, direção de Eric Brevig, 2008.
Durante uma expedição, aventureiros ficam presos em uma caverna. Eles passam por lugares estranhos e encontram criaturas incríveis... no centro da Terra!

UNIDADE 4
As águas dos rios e mares

Observe a imagem a seguir e responda:

Criança brincando com boto-cor-de-rosa no Rio Negro, município de Manaus, estado do Amazonas, 2016.

- Qual elemento da natureza está em destaque na imagem?
- Qual é a importância desse elemento para você e para nossa sociedade?

Os caminhos da água na natureza

Você sabia que a água está em constante movimento na natureza? Sabe o que é o ciclo da água? Como os seres humanos interagem com esse elemento tão importante?

O texto a seguir é uma antiga **fábula** italiana. Ela foi ouvida e registrada por Leonardo da Vinci, um importante inventor, filósofo, pintor e escritor que viveu na Itália nos anos 1500. Leia-o com atenção e depois faça o que se pede.

> **Fábula:** história narrada em que os personagens são elementos da natureza (animais, plantas, rochas etc.) e agem como seres humanos.

Certo dia, um pouco de água desejou sair de seu lugar habitual, no lindo mar, e voar para o céu.

Então a água pediu ajuda ao fogo. O fogo concordou e, com seu calor, transformou a água em vapor, tornando-a mais leve que o ar.

O vapor partiu para o céu, subindo cada vez mais alto, até finalmente atingir a camada mais fria e mais rarefeita da atmosfera. Então as partículas de água, enregeladas de frio, tornaram a se unir e voltaram a ser mais pesadas que o ar. E caíram sob a forma de chuva. Não se limitaram a cair, mas jorraram como uma cascata em direção à terra.

A arrogante água foi sugada pelo solo seco e, pagando caro por sua arrogância, ficou aprisionada na terra.

Fábula de Da Vinci.

1. Procure no dicionário o significado das palavras "rarefeita", "atmosfera", "enregeladas" e "arrogância", e anote no caderno.

2. Quem é a personagem principal da história e o que ela desejava?

_____

_____

_____

3. Que ciclo da natureza está descrito na fábula? Circule a resposta.

- Ciclo do fogo.
- Ciclo da água.
- Ciclo do solo.

4. Na história, diz-se que a água pediu ajuda ao fogo para chegar até o céu. E no ciclo da água, quem é responsável pela evaporação da água?

_____

_____

5. No final da história a água, depois de cair, foi sugada pelo solo seco e ficou "aprisionada na terra". Isso acontece realmente? Explique.

_____

_____

_____

_____

A fábula que você leu descreve, de modo poético, um fenômeno natural muito importante: o **ciclo da água**. Todo caminho que a água percorre na natureza é parte de um processo contínuo, ou seja, nunca para.

67

A ilustração abaixo mostra, de forma esquemática, como o ciclo da água ocorre. Analise-a com atenção, observando os números e lendo os textos correspondentes.

Ciclo da água

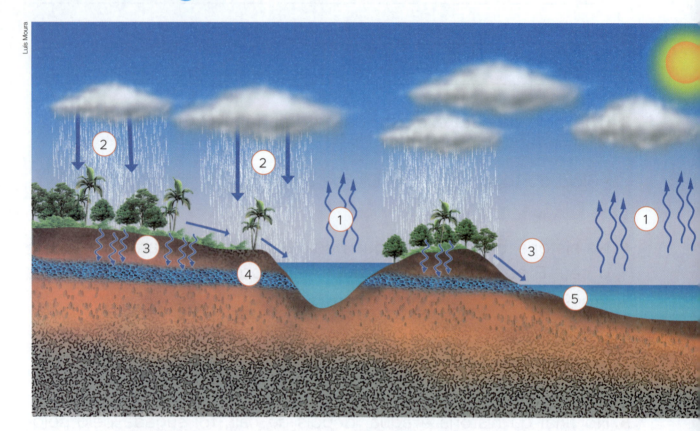

1. A energia solar aquece a água dos oceanos, rios e lagos. Essa água então evapora, formando nuvens carregadas de umidade.
2. Parte da umidade das nuvens precipita-se na forma de chuvas ou de neve, que caem sobre a superfície terrestre.
3. Parte da água que cai das nuvens volta para rios e lagos ou diretamente para o oceano. A outra parte é absorvida pelas plantas ou penetra no solo, formando depósitos subterrâneos de água.
4. Os depósitos subterrâneos podem surgir na superfície como fontes de água, dando origem a pequenos riachos.
5. Esses pequenos riachos se unem a outros riachos maiores, que desembocam nos rios, depois no mar e assim sucessivamente, continuando o ciclo.

Estados físicos da água

Por meio do esquema do ciclo da água, é possível perceber que ela está em constante movimentação na natureza. O ciclo da água é desencadeado pela energia do Sol, que, ao aquecer a água, pode transformar seu **estado físico**. Os três estados físicos da água são:

- **sólido**, como nas geleiras ou no gelo que você utiliza para esfriar sua bebida;
- **líquido**, como nos rios e nos oceanos ou a água que bebemos;
- **gasoso**, como no vapor que sai de uma chaleira, ou na evaporação das águas dos rios e lagos. Porém, este é um estado da água mais difícil de observar.

1. Desenhe, nos quadros abaixo, um exemplo de cada estado físico da água na natureza.

água em estado gasoso

água em estado sólido

água em estado líquido

69

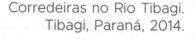 ## Os rios no Brasil

Existem muitos rios em seu município? Há algum rio próximo da escola em que você estuda? Qual é o tamanho dele? Eles são utilizados pelas pessoas? De que forma?

Os rios surgem em fontes de água, como pequenos riachos, e fluem, em seu curso, em direção às partes mais baixas do relevo, onde encontram outros rios ou lagos.

O Brasil tem grande quantidade de rios, com variados tamanhos, formas e volume de água. Para estudar esses rios podemos, por exemplo, observar o tipo de relevo por onde eles fluem.

Veja alguns exemplos.

Quando os rios passam por áreas de planícies, que têm relevo mais plano, por exemplo, é comum fluírem mais lentamente. Na época de cheias, esses rios podem transbordar e invadir as margens. Veja, na fotografia, o Rio Negro, no estado do Amazonas, que flui por uma região de planície.

Casas no Rio Negro. Iranduba, Amazonas, 2015.

Já quando os rios fluem sobre áreas de planaltos ou de depressões com maior **declividade**, as águas ganham mais velocidade, formando fortes correntezas. Em seu percurso pode haver corredeiras e cachoeiras. Veja o Rio Tibagi, no estado do Paraná, que flui por uma região de planalto.

> **Declividade:** qualidade dos terrenos com declive, ou seja, inclinação para baixo.

Corredeiras no Rio Tibagi. Tibagi, Paraná, 2014.

70

As partes de um rio

Na ilustração a seguir podemos identificar as partes de um rio. Com a ajuda do professor, pesquise o significado de cada parte do rio indicada no desenho e escreva nas linhas.

1 - Nascente:

_____

_____

2 - Corredeiras:

_____

_____

_____

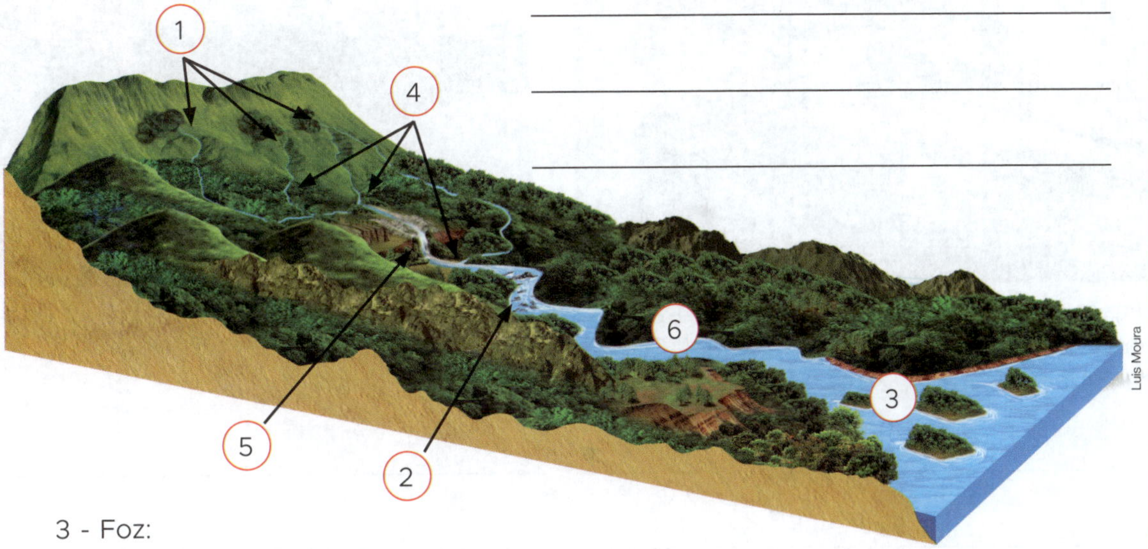

3 - Foz:

_____

_____

_____

4 - Afluentes:

_____

_____

_____

5 - Cachoeiras:

_____

_____

_____

6 - Leito:

_____

_____

A utilização dos rios pela sociedade

A água é um elemento natural indispensável na vida dos seres humanos, não é mesmo? O Brasil é um dos países onde existe maior quantidade de água doce disponível em rios e lagos. A maior parte da água utilizada para consumo humano, por exemplo, vem dos rios.

1. As fotografias abaixo retratam algumas formas de uso da água dos rios. Escreva nas linhas indicadas quais são essas formas.

Usina Hidrelétrica de Itaipu no Rio Paraná, na divisa do Brasil com o Paraguai. Foz do Iguaçu, Paraná, 2015.

Pesca de pirarucu no Rio Japurá. Maraã, Amazonas, 2014.

Prática de *rafting* no Rio Paranhana. Três Coroas, Rio Grande do Sul, 2015.

Trecho navegável do Rio Tocantins. Baião, Pará, 2017.

Para saber mais

Os rios invisíveis

Já sabemos que muitos cursos de água recebem interferência da ação humana. Podemos dizer que nas áreas urbanas os rios e ribeirões passam por muitas modificações. O leito de muitos rios, principalmente nas grandes cidades, é canalizado e, em alguns casos, coberto por ruas e avenidas. Esse é o caso do Rio Belém, em Curitiba, capital do estado do Paraná. Veja, nas imagens, o que ocorreu com seu leito.

Na década de 1950, o Rio Belém cortava o centro de Curitiba, capital do Paraná, e outros bairros.

Atualmente, o Rio Belém está totalmente canalizado na região central da capital paranaense, correndo sob ruas e avenidas, como na Rua Mariano Flores. Fotografia de 2014.

1. Converse com os colegas e o professor sobre as questões seguintes.

   - Há algum rio que esteja canalizado sob alguma rua, avenida, praça ou estrada no município onde moram?
   - Qual é o nome dele e onde está localizado?
   - Esse rio é degradado por algum tipo de poluição?
   - Qual é sua opinião sobre a canalização de rios, como ocorreu na cidade de Curitiba?

73

O Brasil e as águas oceânicas

Vimos na Unidade 2 que o Brasil é banhado por um oceano. Que oceano é esse? O que você acha mais importante a respeito dos oceanos? Converse com os colegas e descubra o que eles pensam sobre isso.

Analise o mapa abaixo.

Brasil: hidrografia – 2016

Fonte: *Atlas geográfico escolar*. 7. ed. Rio de Janeiro: IBGE, 2016. p. 105.

1. Quais são os estados brasileiros banhados pelo Oceano Atlântico?

2. O estado onde você vive é banhado pelo Oceano Atlântico?

Você pôde verificar no mapa da hidrografia que o território do país é banhado pelo Oceano Atlântico, não é mesmo? Além disso, a maior parte da população brasileira vive relativamente próxima ao litoral. Assim, é possível afirmar que o Oceano Atlântico tem grande importância para o Brasil. Veja.

A maior parte do petróleo consumido no Brasil é extraída das camadas de rochas que estão no fundo do Oceano Atlântico. Plataforma de petróleo em Niterói, Rio de Janeiro, 2015.

O oceano também é fonte de renda para milhares de famílias de pescadores que vivem no litoral. Pescadores no município do Rio de Janeiro, Rio de Janeiro, 2016.

O Oceano Atlântico é uma importante via de transporte. As embarcações levam cargas de todos os tipos entre regiões brasileiras e entre o Brasil e diversos países do mundo. Porto em Ipojuca, Pernambuco, 2015.

Esse oceano também cria belos cenários em nosso litoral, o que atrai turistas de todas as partes do país e de outros lugares do mundo. Praia em Porto de Galinhas, Pernambuco, 2016.

As águas brasileiras estão ameaçadas?

O Brasil é um país privilegiado com a presença de muitos cursos de água. Mas será que toda essa água é inesgotável? Converse com os colegas e o professor e procure saber a opinião deles.

Ainda que haja abundância de águas no território nacional, é importante lembrar que toda essa fartura pode estar ameaçada pela ação irresponsável do ser humano em relação ao meio ambiente. Veja alguns exemplos:

- Todos os dias, milhares de toneladas de esgoto e de lixo doméstico são jogados diretamente no mar e nos rios, principalmente vindos dos grandes centros urbanos. Isso afeta a fauna e a flora dessas águas, tornando as águas dos rios impróprias para o consumo humano.
- Indústrias e empresas de mineração acabam lançando nas águas de rios e no mar os resíduos do processo de fabricação. Muitas vezes, esses resíduos contêm substâncias tóxicas, que matam peixes e outros seres vivos aquáticos.
- A extração de petróleo em alto-mar e seu transporte por navios e tubulações podem causar o derramamento de óleo nas águas oceânicas. O óleo derramado suja as praias e pode matar peixes, golfinhos, aves e outros animais marinhos.

Limpeza de óleo na Praia da Cigarra, em São Sebastião, São Paulo, 2013.

Lama proveniente do rompimento das barragens de empresa de mineração no Rio Doce, município de Aimorés, Minas Gerais, 2015.

Leio e compreendo

Textos

Os defensores das águas dos rios e dos mares

Lendas são histórias contadas pelas pessoas e transmitidas de uma geração a outra, geralmente de forma oral. Essas histórias misturam fatos verdadeiros com outros que vêm da imaginação e da fantasia das pessoas da comunidade de onde tiveram origem.

No folclore brasileiro há várias lendas sobre seres fantásticos que povoam as águas de rios e mares. Alguns seres têm a missão de proteger os ambientes naturais. Vamos conhecer algumas dessas lendas?

Iara

É uma linda moça, com o corpo metade humano, metade peixe, que habita os rios de várias regiões do Brasil. No litoral, ela também aparece, mas é conhecida como sereia. Iara tem um canto muito belo. Ela encanta os pescadores, que se jogam no rio ou no mar para namorá-la. Muitas vezes, Iara os leva para o fundo das águas a fim de se casar com eles. Ela é também chamada de mãe-d'água, protetora das águas dos rios, dos lagos e dos mares.

Boitatá

Esse ser fantástico tem a forma de uma grande serpente, uma cobra de fogo com dois chifres e um olho só. Ele faz parte da mitologia de todas as regiões do Brasil. Em alguns lugares, habita a água dos rios e dos lagos, em outros, surge em meio à mata, entre os troncos das árvores e os arbustos. Embora seja de fogo, o Boitatá protege as matas contra incêndios, caçadores e pessoas que degradam o meio ambiente.

1. Agora é sua vez: desenhe em seu caderno uma cena em que Iara e Boitatá se unem para resolver um problema ambiental (poluição, assoreamento, enchente etc.) provocado por seres humanos. O ambiente pode ser um rio, um lago ou o oceano.

Construir um mundo melhor

🔱 Conservação e qualidade da água do município

Nesta unidade, você estudou a importância vital da água para nossa sociedade. Para que esse elemento natural continue disponível na natureza, precisamos conhecer o estado de conservação das fontes (rios, lagos, mar) e criar maneiras de conservá-las da melhor forma possível.

No entanto, muitas vezes, a comunidade desconhece o estado de conservação da água no lugar onde vive. Pensando nisso, a proposta é que você e sua turma divulguem informações relevantes a respeito da conservação de rios e lagos de seu município. Para tanto, sigam os passos abaixo.

1. Sob a orientação do professor, conversem sobre as questões.
- Em seu município há algum rio, riacho ou lago?
- Vocês sabem o nome desses cursos de água?
- Os rios de seu município são aproveitados pela comunidade? De que maneira?
- Qual é o estado de conservação da vegetação no entorno deles?
- Esses rios são degradados por algum tipo de poluição? Se sim, qual é a origem?

2. Pesquisem informações que respondam às questões anteriores e, em *sites* na internet, imagens que as ilustrem. Vocês podem consultar, por exemplo, os *sites* dos jornais de sua cidade e da região, da Secretaria de Meio Ambiente do município, da companhia de abastecimento de água e de esgotos, e de órgãos e outras instituições ligadas à conservação do meio ambiente.

3. Anotem no caderno tudo o que a turma descobriu a respeito das questões.

4. Em grupos, selecionem as informações que serão divulgadas para a comunidade.

5. Elaborem um fanzine para ser o meio de comunicação das informações levantadas pela turma, com o objetivo de conscientizar os leitores. Depois de pronto, distribuam os exemplares do fanzine a todos da escola, para os pais de alunos e na comunidade onde vivem.

O que é um fanzine?

Fanzine é uma revistinha feita de maneira artesanal, que pode ser reproduzida por meio de fotocópias. Ela pode ser confeccionada com imagens recortadas de outras revistas, de jornais e de *sites*, e ter textos curtos e diretos que informem o leitor de maneira clara sobre o tema abordado.

Sucesso para vocês neste trabalho de conscientização!!

Retomada

1. No desenho abaixo faltam algumas indicações. Coloque o número nas setas de acordo com os números das legendas que correspondem a estas etapas do ciclo da água.

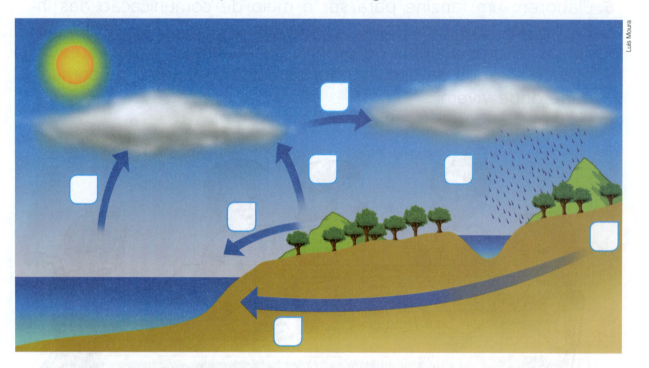

1. A água evapora com o calor do Sol.
2. O vapor de água forma as nuvens.
3. As nuvens precipitam-se na forma de chuva, neve, granizo ou orvalho.
4. A água da chuva pode infiltrar-se no solo.
5. A água da chuva chega até os rios, lagos ou oceanos.

2. Insira as palavras corretas junto a sua definição.

afluentes   foz   leito

a) _____: caminho ou canal natural onde correm as águas do rio.

b) _____: rios menores que se encontram com os rios maiores e são incorporados por eles.

c) _____: local onde o rio deságua em outro rio, em um lago ou no oceano.

3. Os oceanos são muito importantes para a sociedade. Cite três aspectos que demonstrem a importância do Oceano Atlântico para a sociedade brasileira.

_____

_____

_____

_____

4. Desenhe, no quadro a seguir, uma forma de uso da água dos rios que você considera importante. Não se esqueça de escrever uma legenda para a imagem que você criou.

Periscópio

📖 Para ler

Severino faz chover, de Ana Maria Machado. São Paulo: Salamandra, 2011.

Conheça a história do menino que morava em uma terra muito seca, muito árida e, por isso mesmo, muito triste. Tudo lá estava murcho, menos a magia e a esperança de um garoto. Mas esta história pode mudar. Com a união de todos, tudo pode tornar-se melhor.

O ciclo da água, de Cristina Quental e Mariana Magalhães. São Paulo: Leya Escolar, 2013.

Em um dia chuvoso, a professora dá explicações sobre a água: onde pode ser encontrada em nosso planeta e quais formas pode ter; depois fala da chuva e do ciclo da água. O livro é recheado de brincadeiras!

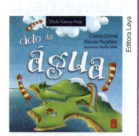

O senhor da água, de Rosana Bond. São Paulo: Ática, 2005.

Imagine como seria se sempre faltasse água, e se só quem tivesse muito dinheiro pudesse adquiri-la. Conheça essa história e seu final nesse livro cheio de aventuras!

👆 Para acessar

Projeto Brasil das águas: encontre nesse *site* uma variedade de informações sobre os rios do Brasil!

Disponível em: <http://brasildasaguas.com.br/>. Acesso em: ago. 2017.

82

UNIDADE 5
O tempo e o clima

Cai, chuva,
Chegou o inverno,
Foi-se o verão.
Vamos trabalhar.
Plantar algodão.

Cai, chuva,
Cai lá do céu!
Cai, chuva,
No meu chapéu!

Está tudo verde,
Arroz cacheado,
A lagoa verde,
Os sapos coaxando.

Inda está chovendo,
Enchendo a ribeira;
A graúna canta
Na carnaubeira.

Folclore infantil brasileiro (domínio público).

1. Circule as palavras na letra da música acima que, em sua opinião, estão ligadas ao tema desta unidade. Se necessário, converse com os colegas e o professor antes de circulá-las.

A diferença entre tempo e clima

Você sabe o que é clima? E tempo meteorológico? Qual é a diferença entre os dois? Você sabe que o nosso planeta tem diversos tipos de clima? Quantos tipos de clima há no território brasileiro?

Leia a tirinha abaixo.

- Por que os personagens comemoraram quando parou de chover?
- Você acha que estava frio ou calor? Por quê?
- Você já foi surpreendido por uma chuva repentina em alguma situação?
- Alguma vez você já teve de cancelar um passeio por causa da chuva? Escreva no caderno um pequeno texto contando o que aconteceu.

No início da tirinha acima estava chovendo. Em seguida, a chuva parou e os personagens puderam realizar a atividade que haviam programado, não é mesmo?

Em nosso dia a dia, isso também ocorre. As condições atmosféricas podem variar de uma semana para outra, de um dia para outro ou até mesmo em questão de horas. A essa combinação momentânea das condições atmosféricas, como a ocorrência de chuva, vento, calor ou frio, dá-se o nome de **tempo meteorológico**.

A observação atenta do tempo meteorológico em determinado lugar da Terra, durante vários anos, possibilita aos cientistas definir o tipo de **clima** desse lugar. Essa observação considera características como umidade do ar, temperatura, quantidade de chuvas, intensidade dos ventos, entre outros aspectos atmosféricos de cada estação do ano.

Tempo e clima

Tempo meteorológico é o estado momentâneo do ar atmosférico em determinado lugar. Já **clima** é o conjunto das condições atmosféricas (chuvas, ventos, temperatura, entre outras) mais marcantes que ocorrem em determinado lugar da superfície terrestre.

Em outras palavras, clima é a sucessão de tipos de tempo meteorológico que ocorrem em cada época do ano, em determinada região, tanto no Brasil como em outros lugares do planeta.

1. Agora reescreva as frases sobre tempo meteorológico e clima utilizando o termo correto.

a) Hoje, quando acordei, o céu estava sem nuvens, mas agora à tarde o (**tempo/clima**) mudou.

___

b) Vamos viajar para São Paulo. O (**tempo/clima**) de lá é diferente do de Manaus.

___

c) Menino, saia já daí! Está chegando uma tempestade, o (**tempo/clima**) está mudando muito rápido.

___

d) O (**tempo/clima**) na China é diferente do que ocorre no Brasil.

___

85

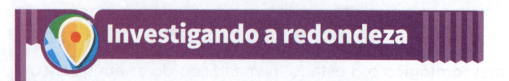

Investigando a redondeza

O tempo meteorológico

Para perceber melhor o tempo meteorológico do lugar onde você mora, faça algumas observações e registros enquanto estiver na escola.

As observações devem ser feitas duas vezes, no início e no final de cada aula durante três dias. Use a tabela abaixo e marque com um **X** as condições do tempo em cada período de observação. O professor lhe fornecerá os dados da temperatura. No final dos três dias, faça as atividades 1 e 2 no caderno.

Data das observações: de ___/___/_____ a ___/___/_____

Estação do ano: _____

Condições do tempo	1º dia Início	1º dia Final	2º dia Início	2º dia Final	3º dia Início	3º dia Final
Céu sem nuvens						
Poucas nuvens						
Céu nublado						
Vento forte						
Vento fraco						
Sem vento						
Muita chuva						
Pouca chuva						
Sem chuva						
Temperatura						

1. Houve mudanças nas condições do tempo entre o:
   a) início e o final do período de cada aula?
   b) primeiro e o segundo dias?
   c) segundo e o terceiro dias?

2. Com base nos itens marcados na tabela, produza um pequeno texto informativo no caderno descrevendo as características das mudanças no tempo atmosférico observadas na escola.

A previsão do tempo

Muitos pescadores observam as condições atmosféricas antes de começar o trabalho: fará sol ou chuva? Há diferentes formas de previsão do tempo, as quais resultam da observação, pelas pessoas, do comportamento de determinados elementos da natureza. O vaivém das formigas no jardim, o movimento dos pássaros no céu, a cor do amanhecer no horizonte, por exemplo, são indícios de que o tempo pode mudar nas próximas horas. Contudo, esse tipo de previsão não é exata, ou seja, não há certeza de que as mudanças ocorrerão.

Para fazer previsões do tempo cada vez mais precisas, os cientistas necessitam de vários recursos tecnológicos, como imagens de satélite e dados sobre ventos, temperatura e pressão do ar atmosférico, obtidos nas estações meteorológicas. As imagens e esses dados são analisados por computadores especiais, que geram mapas da previsão do tempo com informações importantes para agricultores, pescadores, empresas que controlam o transporte aéreo e marítimo etc.

Estação meteorológica em Londrina, Paraná, 2016.

- Você já ouviu algum tipo de previsão do tempo feita pelas pessoas?
- Em sua opinião, por que a previsão do tempo é importante?

87

As zonas climáticas da Terra

De modo geral, no Brasil predominam climas quentes. Mas por que isso acontece?

Como a Terra tem a forma arredondada, algumas regiões recebem os raios solares com mais intensidade que outras, e são aquecidas de maneira diferente.

Para entender melhor as diferenças de iluminação e aquecimento, os cientistas criaram uma classificação dividindo o planeta em **zonas climáticas** ou **térmicas**.

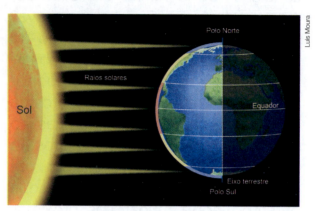

Posição da Terra no equinócio.

Observe o mapa e verifique a localização do território brasileiro.

Zonas climáticas da Terra

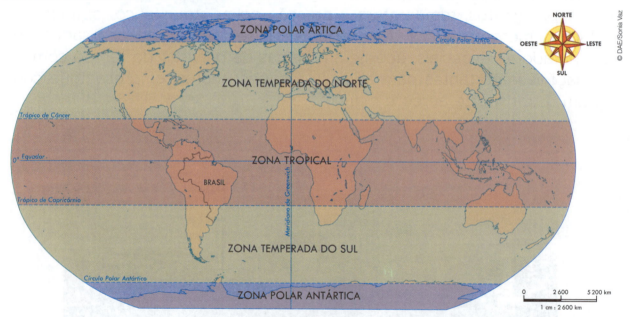

Fonte: *Atlas geográfico escolar*. 7. ed. Rio de Janeiro: IBGE, 2016. p. 58.

- ■ **Zona tropical**: localizada entre os Trópicos de Câncer e de Capricórnio e dividida pela Linha do Equador. É a região do planeta que recebe raios solares com mais intensidade, por isso apresenta climas quentes, em geral, em todas as estações do ano.
- ■ **Zonas temperadas do Norte e do Sul**: localizadas entre os trópicos e o Círculo Polar Ártico e o Círculo Polar Antártico. Essas zonas são iluminadas com menor intensidade se comparadas com a região entre os trópicos, por isso têm clima temperado, com predominância de verões amenos e invernos bem frios.
- ■ **Zonas polares Ártica e Antártica**: localizadas entre os círculos polares e o Polo Norte e o Polo Sul do planeta. Recebem raios solares com menor intensidade, por isso são menos aquecidas do que as outras regiões e apresentam climas muito frios durante o ano todo.

Os tipos de clima no Brasil

Embora a maior parte do território brasileiro esteja localizada na zona tropical, a mais quente do planeta, há algumas diferenças entre os climas que atuam no território. Isso porque os diferentes tipos de clima também estão relacionados a características naturais de cada região, como a vegetação, o relevo e a hidrografia.

Observe o mapa e leia as legendas que descrevem os tipos de clima no território brasileiro.

Clima equatorial: apresenta temperaturas elevadas o ano todo, com média de 26 °C. É bastante úmido por causa da Floresta Amazônica e da grande quantidade de chuvas na maior parte do ano.

Clima tropical típico: as temperaturas são elevadas durante o ano, mas há duas estações bem definidas – uma chuvosa, de outubro a abril, e outra mais seca, de maio a setembro.

Brasil: tipos de clima

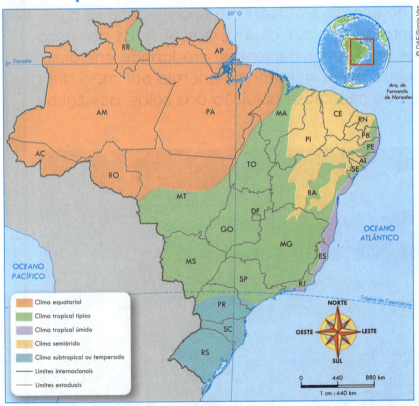

Clima semiárido: apresenta temperaturas elevadas no decorrer de todo o ano, porém as chuvas são poucas e espaçadas, o que o torna bastante seco. As serras bloqueiam a passagem dos ventos úmidos, vindos do oceano em direção ao interior, o que colabora para as poucas chuvas nessa região.

Fonte: IBGE. *Atlas geográfico escolar*. 7. ed. Rio de Janeiro: IBGE, 2016. p. 99.

Clima subtropical ou **temperado:** sua característica principal é a distribuição de chuvas no decorrer do ano. No verão, as temperaturas são mais altas, e, no inverno, apresenta as temperaturas mais baixas do país, podendo chegar a menos de 0 °C. Nos pontos de maior altitude da região, pode até mesmo gear ou nevar durante o inverno.

Clima tropical úmido: apresenta temperaturas elevadas e é influenciado pelos ventos úmidos do oceano, o que causa grande quantidade de chuvas durante o ano. Em razão das serras existentes nessa porção do território brasileiro, as temperaturas caem um pouco entre os meses de maio a setembro.

1. De acordo com o mapa da página anterior, qual é o tipo de clima que predomina no estado onde você vive?

_____

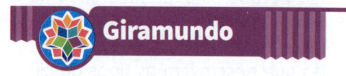

Giramundo

Vento – ventania que gera energia!

Em alguns estados do Brasil, uma característica que se destaca no clima é a intensidade dos ventos. No Rio Grande do Norte, Ceará e Piauí, por exemplo, existem regiões onde venta muito durante o ano inteiro. Por isso, o governo federal, por meio da Agência Nacional de Energia Elétrica (Aneel), estimula a construção de usinas eólicas nessas regiões para a geração de energia elétrica. Esse tipo de usina se parece muito com um conjunto de grandes cata-ventos. A força do vento faz girar as pás gigantes desses equipamentos, produzindo energia.

Nosso país já é o quinto maior gerador de energia por meio dessa fonte limpa, ou seja, que não causa poluição dos solos, das águas ou do ar.

Complexo eólico em São Miguel do Gostoso, Rio Grande do Norte, 2015.

Isto é Cartografia

Globo terrestre e zonas climáticas

Observar um **globo terrestre** é muito importante para auxiliar nos estudos sobre a Terra. Nesta atividade, você vai criar, com os colegas, um globo terrestre para observar os limites das zonas climáticas do planeta. O globo também pode ser utilizado para o estudo das formas e dos movimentos da Terra. Siga os passos.

Você precisará de:
- bola de isopor de 10 cm (ou outro tamanho determinado pelo professor);
- contorno do mapa-múndi em gomos e impresso, que o professor fornecerá;
- cola;
- canetinhas e lápis de cor;
- vareta de bambu.

Ilustrações: José Wilson Magalhães

Como fazer

1. Recorte a impressão do contorno do mapa-múndi em gomos.
2. Trace uma linha na metade do globo, que indicará a Linha do Equador.
3. Cole o recorte no globo de isopor. Para isso, você deve prestar atenção à Linha do Equador, que deve coincidir com a metade da bola de isopor.

91

4. Depois de colado e seco, identifique e destaque com canetinha a Linha do Equador, o Trópico de Câncer e o Trópico de Capricórnio, o Círculo Polar Ártico e o Antártico.

5. Em seguida, com a ajuda do professor, defina uma legenda para cada zona climática. Veja o exemplo.

 Zona tropical
 Zonas temperadas
Zonas polares

6. Com a pintura e a identificação das zonas climáticas da Terra finalizadas, transpasse a vareta de bambu pela bola de isopor a partir do Polo Sul. Seu professor o auxiliará nessa tarefa.

7. Fixe seu globinho em uma base, que pode ser uma folha grossa de isopor ou outra superfície em que a vareta fique firme. Não se esqueça, porém, de que o eixo da Terra é inclinado!

1. Depois que todos confeccionarem o globinho, responda:

- É possível observar onde estão localizadas as zonas climáticas do planeta no globo?
- Diga o nome da zona climática onde está localizado o estado onde você mora.
- Em sua opinião, o que foi mais interessante nessa atividade?

92

O clima e a vegetação

Observe as imagens, converse com os colegas e o professor e responda: Quais são as diferenças entre as duas fotografias?

Vista de trecho da Floresta Amazônica, na margem do Rio Xingu. Porto de Moz, Pará, 2017.

Vegetação da caatinga na primavera. São Lourenço do Piauí, Piauí, 2015.

A vegetação é um dos elementos naturais que mais se destacam em uma paisagem. No Brasil, há variadas formações vegetais, algumas repletas de árvores de grande porte, como na fotografia **A**, e outras com plantas, arbustos mais baixos e cactos, como na fotografia **B**. Há ainda as que se desenvolvem nas margens dos rios, e outras, em regiões mais altas e frias.

Boa parte das diferenças entre os tipos de vegetação está relacionada às características climáticas de cada região do país. Veja os exemplos:

- Nas regiões de clima quente e úmido, como a Região Norte, e da faixa litorânea das regiões Nordeste e Sudeste, grande parte das plantas tem folhas largas e **viçosas** e não armazenam grande quantidade de água em seu interior.

> **Viçosa:** que tem força e cresce com vigor.

- Já em regiões de clima semiárido, como no interior da Região Nordeste, em que há poucas chuvas e as temperaturas são elevadas, muitas plantas têm folhas estreitas e miúdas e até espinhos, como forma de evitar a perda de água nas épocas mais secas.

Retomada

1. Complete as frases com a palavra correta.

> tempo   clima

a) Hoje, segunda-feira, haverá predomínio de Sol com poucas nuvens, ou seja, não há previsão de que o _____ mude no período da tarde.

b) O jogo foi cancelado por causa da mudança no _____. A previsão é de que a chuva continuará amanhã.

c) Os habitantes daqui estão acostumados ao _____ da região: chuva no verão e seca no inverno.

2. Escreva com suas palavras o que são as zonas climáticas da Terra.

_____
_____
_____

3. Marque com **X** a opção correta sobre os tipos de clima do Brasil.

a) Em quais estados **predomina** o clima subtropical?

☐ Mato Grosso do Sul, Paraná e Santa Catarina.

☐ Rio Grande do Sul, Santa Catarina e Paraná.

☐ São Paulo, Mato Grosso do Sul e Rio Grande do Sul.

b) Quais são os dois tipos de clima que **predominam** no território brasileiro?

☐ Tropical úmido e subtropical.

☐ Equatorial e semiárido.

☐ Tropical típico e equatorial.

4. Você já estudou as características climáticas do território brasileiro e verificou que o país está localizado, predominantemente, na zona tropical. Observe com atenção as ilustrações a seguir, que mostram cenas comuns na região polar e temperada. O que você mudaria nelas, se as cenas fossem em uma região de clima tropical? Faça seus desenhos nos quadros em branco.

Periscópio

📖 Para ler

Gelo nos trópicos, de Cárcamo. São Paulo: Companhia das Letrinhas, 2011.

Um pinguim boia em um pedaço de gelo e chega a uma ilha tropical onde vivem um jacaré, uma capivara e um tamanduá. Competindo pela atenção do forasteiro, os três companheiros acabam recebendo uma lição sobre o valor da amizade.

Nina África: contos de uma África menina para ninar gente de todas as idades, de Lenice Gomes. São Paulo: Elementar, 2009.

O livro relata um tempo em que o céu e a Terra eram muito próximos um do outro. Foi quando nasceu a brisa e, pela primeira vez, choveu sobre a Terra. Essas histórias passaram-se na África, quando seres humanos e animais viviam em harmonia.

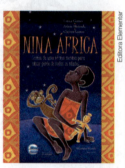

Atlas infantil: o clima, de vários autores. São Paulo: NGV, 2010.

Mapas e gráficos que vão ajudá-lo a compreender a diversidade climática do planeta Terra. Inclui assuntos como: chuva, ventos e tufões, deserto, floresta tropical, região polar, alterações climáticas e muito mais.

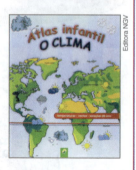

▶ Para assistir

Happy Feet: o pinguim, direção de George Miller, 2006. Mano, um jovem pinguim imperador, vive na Antártida. Como todos os outros de sua espécie, ele precisa cantar, mas não consegue! Então, ele encontra outra forma de se expressar e chamar a atenção para um problema grave que está acontecendo onde vive!

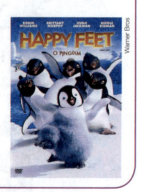

UNIDADE 6
A vegetação natural brasileira

1. Observe a imagem e responda:

Trilha da Caverna da Água Suja, em Iporanga, São Paulo, 2017.

- Que sensações a imagem transmite a você?
- Qual é o elemento natural predominante nessa imagem?
- O que você já conhece a respeito da vegetação brasileira?

A vegetação natural

Você sabe o que é vegetação? Quais são as principais formações vegetais do Brasil?

Nas unidades anteriores você estudou o clima, a água dos rios e dos mares e o relevo, não é mesmo? A interação entre esses elementos é responsável pelas diferentes paisagens do território brasileiro. E a vegetação é um dos elementos que mais se destacam nessas paisagens. Nesta unidade, vamos conhecer melhor as principais formações vegetais brasileiras.

Observe os mapas a seguir.

Brasil: vegetação natural original

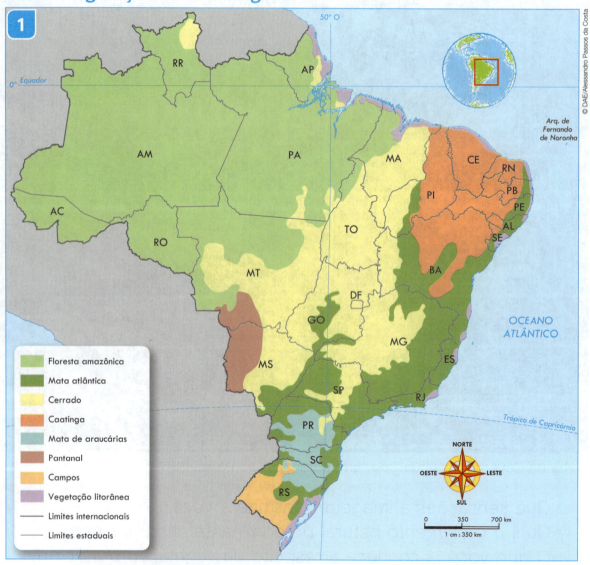

Fonte: *Atlas geográfico escolar Oxford*. São Paulo: Oxford University Press, 2013. p. 86.

98

Brasil: vegetação natural atual

Fonte: *Atlas geográfico escolar Oxford*. São Paulo: Oxford University, 2013. p. 87.

1. Após analisar os mapas com atenção, responda às questões.

a) Qual é o tema do mapa 1?

_____

_____

_____

_____

_____

99

b) Qual é o tema do mapa 2?

c) Quais são as formações vegetais mostradas no mapa 1?

d) Comparando os mapas, quais foram as formações vegetais mais alteradas pela ação humana?

e) Que tipo de vegetação há no estado onde você vive? Qual é a situação de conservação ou de alteração em que ela se encontra atualmente?

O que é vegetação natural?

Nos mapas anteriores, você viu que são oito os tipos principais de vegetação natural no Brasil. Mas o que é vegetação natural?

Chamamos de **vegetação natural** o conjunto de plantas características de determinada região. Assim, elas existem nesses lugares sem ter sido plantadas pelos seres humanos.

Os diferentes tipos de vegetação natural ocorrem devido a fatores como: tipo de clima (muita ou pouca chuva, calor ou frio, entre outros), forma de relevo, tipos de solo e características dos rios.

Cinco séculos de desmatamento

No Brasil, desde a chegada dos primeiros colonizadores, as áreas ocupadas por vegetação natural vêm sendo alteradas. Isso ocorre por causa das atividades econômicas praticadas pela sociedade no decorrer dos séculos, por exemplo: exploração de madeira, agricultura e pecuária, exploração mineral, construção de cidades, entre outras. O mapa abaixo mostra a exploração da madeira da árvore pau-brasil, no século XVI, nas áreas de Mata Atlântica:

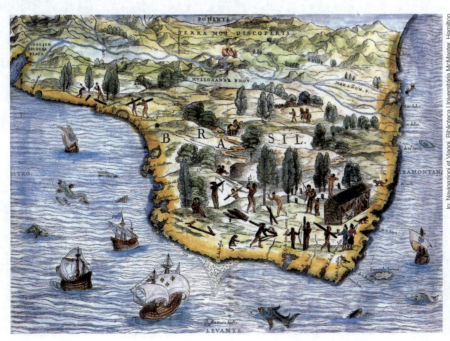

Mapa do território brasileiro do século XVI, de autoria de Giovanni Battista.

101

Mata Atlântica

A Mata Atlântica é composta de árvores altas, arbustos, palmeiras, samambaias e também de **plantas aéreas**, como orquídeas e bromélias. A origem do nome dessa formação vegetal é sua localização: a maior parte dessa floresta tropical está em regiões próximas ao Oceano Atlântico e recebe muita umidade trazida pelos ventos que vêm do mar.

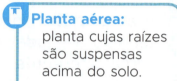

Planta aérea: planta cujas raízes são suspensas acima do solo.

Desde o início da ocupação do território brasileiro pelos europeus, no século XVI, a Mata Atlântica vem sendo alterada. Isso ocorreu, primeiramente, com a exploração do pau-brasil e, no decorrer dos séculos, pela retirada da vegetação para cultivo de cana-de-açúcar e diversas outras lavouras, além da construção de áreas urbanas.

Região de Mata Atlântica em Angra dos Reis, Rio de Janeiro, 2015.

Vegetação litorânea

Em boa parte do litoral brasileiro encontramos dois tipos de vegetação diferenciados próximos das áreas de Mata Atlântica: o mangue e a restinga.

No Brasil, o **mangue** se desenvolve em áreas inundadas, onde a água salgada do mar se encontra com a água doce dos rios e dos lagos. As águas dos rios carregam grande quantidade de matéria orgânica, como restos de plantas que, em contato com a água salgada do mar, dão origem a um solo muito fértil e ambiente propício para a alimentação e a reprodução de diversas espécies de animais marinhos.

Vegetação de mangue, na Ilha de Boipeba, município de Cairu, Bahia, 2016.

Entretanto, os mangues vêm passando por várias alterações causadas, principalmente, por aterros para a construção de residências, indústrias, portos e rodovias, pela pesca predatória, pela poluição, pelo esgoto e pelo lixo.

A **restinga** se desenvolve em solo arenoso, próximo às praias. É composta de gramíneas, arbustos, árvores baixas e plantas rasteiras. Assim como a Mata Atlântica, a restinga começou a ser devastada no início do processo de colonização e continuou sendo destruída pela construção de moradias, condomínios e hotéis para a exploração do turismo. Atualmente, apenas uma pequena porção dessa formação vegetal está conservada.

Restinga, na Praia da Fazenda, em Ubatuba, São Paulo, 2017.

Floresta Amazônica

A Floresta Amazônica – ou floresta equatorial, como também é chamada – ocupa cerca de 40% do território brasileiro e é a maior floresta equatorial do planeta.

Nas regiões desse tipo de floresta, o clima é quente e chuvoso em grande parte do ano. Isso favorece o desenvolvimento de uma vegetação muito densa, composta de grandes árvores que podem chegar a até 60 metros de altura. Em áreas mais abertas, são encontradas diferentes espécies de palmeiras, cipós, arbustos, trepadeiras, entre outras plantas.

Trecho de Floresta Amazônica em Monte Alegre, Pará, 2017.

Na Floresta Amazônica é comum a vegetação próxima aos rios permanecer **submersa** por longos períodos, especialmente na época das cheias.

Submerso: coberto por água; que fica embaixo da água.

Biodiversidade

A Floresta Amazônica reúne grande quantidade de espécies animais e vegetais. Os pesquisadores afirmam que muitas espécies da fauna e da flora amazônicas ainda são desconhecidas. À variedade de espécies de seres vivos que habitam determinado ambiente, damos o nome de **biodiversidade**. Assim, a Floresta Amazônica é um ambiente que tem grande biodiversidade.

Preguiça-de-três-dedos (ou preguiça-de-bentinho) na Floresta Amazônica, município de Manaus, Amazonas, 2017.

Isto é Cartografia

O trabalho com imagens de satélite

Há algumas décadas, a Floresta Amazônica vem sendo intensamente devastada. A derrubada de árvores para exploração de madeira, abertura de estradas e construção de cidades; as queimadas para ocupação de áreas com plantações e criação de animais; a poluição e devastação dos rios com a prática do garimpo são algumas das principais causas da destruição da floresta.

Área de desmatamento da Floresta Amazônica, no estado do Amazonas, 2016.

Uma das maneiras de identificar as áreas da floresta que estão sendo mais devastadas é pela observação de imagens de satélite. Você sabe como essas imagens são produzidas?

As imagens são captadas por satélites artificiais, aparelhos que estão em órbita, ou seja, ao redor da Terra no espaço celeste. Profissionais de diversas áreas, como geógrafos, engenheiros ambientais, biólogos e agrônomos, extraem dados das imagens dos satélites e produzem informações para o estudo do meio ambiente. Mapas também são elaborados com base nas imagens de satélites.

Observe agora as duas imagens de satélite da página seguinte. Elas foram feitas em anos diferentes e mostram o crescimento da área urbana de Juruti, no Pará.

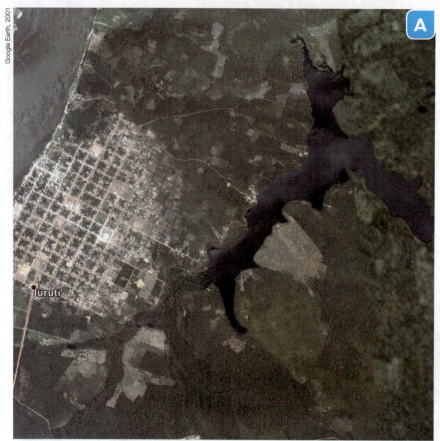

Juruti, Pará, 2001.

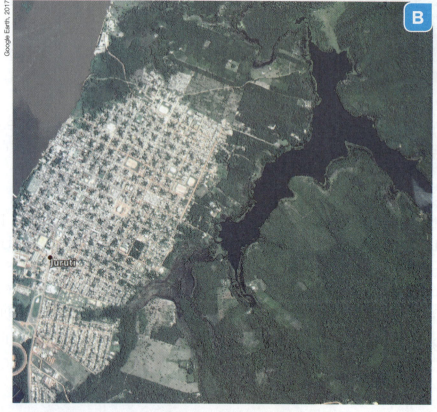

Juruti, Pará, 2017.

1. Para entender melhor as informações que podemos obter das imagens de satélite, siga as orientações do professor e as instruções a seguir.

Material
- duas folhas de papel vegetal ou papel de seda;
- lápis preto para desenhar e lápis de cor para a pintura;
- fita adesiva.

Como fazer

1. Coloque o papel transparente sobre a imagem de 2001. Se necessário, fixe-o com fita adesiva.

2. Contorne a área de vegetação que aparece na imagem.

3. Pinte a vegetação observando os limites traçados. Utilize a cor verde. Não se esqueça da legenda: ela deve indicar o que cada cor significa no desenho.

4. Repita os mesmos procedimentos com a imagem mais recente, de 2017.

5. Para finalizar o trabalho, coloque um desenho em cima do outro. Embaixo deve ficar o desenho da imagem mais recente e, em cima, o da mais antiga.

Ilustrações: José Wilson Magalhães

2. Depois de comparar os desenhos, responda no caderno:

a) Em que estado brasileiro fica o lugar mostrado na imagem?

b) Ao comparar as imagens, que mudanças você percebeu:
- na área urbana?
- na área com vegetação?

c) Por que você acha que essas alterações ocorreram?

107

Caatinga

A vegetação caatinga encontra-se na região do país onde atua o clima semiárido. Há duas estações climáticas bem definidas: uma seca e outra chuvosa.

A estação chuvosa é bem curta e dura, em média, três meses. Assim, para resistir aos longos períodos de estiagem durante o ano, muitas plantas da caatinga perdem suas folhas. Outras, ainda, têm espinhos no lugar de folhas, que evitam perda de umidade para o ambiente. Há também plantas da família dos cactos (o mandacaru, por exemplo), que armazenam água no caule e nas raízes.

A caatinga passa por constantes desmatamentos por causa da exploração ilegal da mata nativa, que é usada como lenha e para produção de carvão vegetal. Originalmente, a caatinga cobria cerca de 11% do território nacional. Atualmente, estima-se que metade dessa área já tenha sido devastada.

Mandacaru na caatinga, em meio à vegetação seca e quase sem folhas. Coronel José Dias, Piauí, 2015.

Cerrado

A vegetação de cerrado recobre a região central do Brasil. Nessa região ocorre o clima tropical, com verões quentes e chuvosos, e, no inverno, as temperaturas são mais baixas, com menos chuvas.

Esses fatores favorecem o desenvolvimento de uma formação vegetal composta, principalmente, de árvores com troncos e galhos retorcidos e cascas grossas. Entre as árvores maiores, cresce uma vegetação rasteira e pequenos arbustos. Em alguns trechos a vegetação é somente de **gramíneas**, sem árvores maiores. Esses trechos recebem o nome de **campos limpos**.

> **Gramínea:** espécie vegetal de capins e gramas.

O cerrado vem sendo devastado para a produção de carvão vegetal e pela prática da agricultura e da pecuária. Embora o solo da região necessite de cuidados a fim de torná-lo mais produtivo, isso não impede a continuação do desmatamento. Nessas áreas cultiva-se, principalmente, soja. O avanço das plantações já se tornou uma ameaça à formação vegetal nativa.

Vegetação do cerrado, Parque Nacional das Emas, estado de Goiás, 2014.

Campos

Os campos desenvolvem-se especialmente nos estados do Rio Grande do Sul e de Mato Grosso do Sul. É uma formação vegetal composta principalmente de plantas rasteiras, também chamadas de gramíneas, com 10 a 15 cm de altura. Nas margens dos riachos, entretanto, é possível encontrar uma mata mais alta, chamada de capão.

As características da vegetação dos campos propiciam o desenvolvimento de uma pastagem natural, que favorece a criação de gado solto. Essa atividade é denominada **pecuária extensiva**.

No estado do Rio Grande do Sul, a vegetação dos campos também recebe o nome de **pampas**.

Gado em pastagem natural em Santana do Livramento, no Rio Grande do Sul, 2017.

A vegetação dos campos vem sendo muito alterada para cultivos agrícolas como a soja, o trigo e o arroz. Sem cuidado adequado, a alteração dessa vegetação pode causar erosão e diminuição da fertilidade dos solos. Em algumas áreas do Rio Grande do Sul, as alterações provocaram um processo chamado de **arenização**: a retirada da vegetação original deixa exposto o solo arenoso da região. As chuvas e os ventos intensificam o processo, criando dunas de areia.

Pantanal

A vegetação do pantanal se estende por uma planície alagável. Por ser uma região muito plana, alaga com o transbordamento dos rios na época das cheias. Observe as imagens que mostram paisagens em diferentes épocas do ano.

Paisagem pantaneira na época das secas, em Poconé, Mato Grosso, setembro de 2013.

Paisagem pantaneira na época das cheias, em Poconé, Mato Grosso, fevereiro de 2014.

A vegetação pantaneira é adaptada para passar um período do ano submersa. Ela é composta de diferentes tipos de plantas, muitas delas também encontradas em outras formações vegetais brasileiras, como espécies do cerrado, dos campos, da Mata Atlântica e da caatinga. É possível também encontrar grandes árvores, como o ipê e as palmeiras, além de outras plantas, como bromélias e gramíneas.

A pecuária é praticada há muito tempo na área do pantanal. Entretanto, a formação vegetal pantaneira tem sido ameaçada principalmente pela prática da agricultura. Quando a mata próxima dos rios e das lagoas é retirada, as chuvas carregam sedimentos (terra, pedras, pedaços de plantas etc.) para dentro dos cursos de água, causando o assoreamento do leito, o que os deixa mais rasos. Na época das chuvas, esse fato provoca inundações maiores que as normais. Além disso, o uso de agrotóxicos nas plantações também contamina a água dos rios e das lagoas.

Mata de araucárias

A mata de araucárias é uma formação vegetal que ocorre, principalmente, nas áreas mais altas dos planaltos das regiões Sul e Sudeste do Brasil. Nessa formação há o predomínio de pinheiros denominados araucárias.

As **araucárias** – ou **pinheiros-do-paraná**, como também são chamadas – são árvores de grande porte, que podem chegar a 25 metros de altura. Têm folhas finas e alongadas que evitam a perda de umidade, pois se desenvolvem em regiões de baixa temperatura e grandes altitudes.

Mata de araucárias em Passos Maia, Santa Catarina, 2016.

A árvore araucária fornece madeira de ótima qualidade, da qual se extraem óleos diversos e outros derivados usados nas indústrias, como a resina.

A extensão atual da mata de araucárias corresponde a apenas 4% da que existia originalmente. O corte de árvores para produção de madeira usada na fabricação de móveis e papel é a principal causa de destruição dessa formação vegetal. As poucas reservas que ainda existem estão nos estados do Paraná e de Santa Catarina.

Leio e compreendo

História em quadrinhos

Pinha, pinhão, araucária e reprodução!

As araucárias são árvores muito belas, e sua semente, o pinhão, é um delicioso alimento. Além dos seres humanos, muitos animais que habitam a mata das araucárias se alimentam dos pinhões.

A reprodução das araucárias é favorecida, especialmente, pelo vento, que carrega os pinhões a uma distância de até 50 metros da árvore de origem. Mas há também outro método "secreto" de reprodução dessa grande árvore: muitos animais, como a gralha-azul e o esquilo (também chamado de serelepe), levam os pinhões para outros lugares e os enterram, guardando-os como reserva de alimento, mas depois se esquecem de onde os enterraram! Assim, rapidamente a semente germina, transformando-se em uma nova árvore.

Leia os quadrinhos a seguir.

A gralha-azul e a araucária

Tirinha de Antonio Eder. © *A gralha-azul e a araucária*. In: Carlos Hotta. Disponível em: <www.carloshotta.com.br/brontossauros/2007/10/19/a-gralha-azul-e-a-araucaria.html>. Acesso em: 14 ago. 2017.

Em uma roda de conversa, com a orientação do professor, reflita sobre as questões a seguir e escreva suas conclusões.

1. Por que é possível dizer que a gralha-azul ajuda na formação da mata de araucárias?

_____

_____

2. Por que o autor da tirinha escreveu a palavra "inteligente" entre aspas? O que ele quer dizer com isso?

_____

_____

_____

_____

3. Em sua opinião, o que acontece com animais como a gralha-azul e o serelepe quando a mata é derrubada?

_____

_____

4. Você acha importante a criação de reservas onde a mata seja protegida? Por quê?

_____

_____

_____

5. Que atitudes podemos tomar para a conservação da mata de araucárias?

_____

_____

Para saber mais

Denuncie o desmatamento e a caça ilegal

O Instituto Brasileiro do Meio Ambiente e dos Recursos Naturais Renováveis, mais conhecido pela sigla **Ibama**, é o órgão do governo federal responsável pela conservação e proteção de nossa vegetação natural.

O Ibama também fiscaliza empresas que extraem recursos da natureza, observando se ocorre destruição das florestas, matas, campos, cerrados e da vegetação litorânea. Os funcionários desse órgão também trabalham com a Polícia Militar para impedir o comércio ilegal de animais e plantas silvestres.

Agentes do Ibama soltam o tamanduá-bandeira capturado numa residência em Brasília, Distrito Federal, 2016.

Caso você perceba que uma área de vegetação natural próxima está sendo desmatada ou vir alguém comprando um animal silvestre, conte a um adulto que seja responsável por você ou converse com o professor e ajudem a denunciar esse ato ilegal.

O Ibama criou a **Linha Verde**, que disponibiliza um número de telefone (0800-61-8080) e um endereço eletrônico (linhaverde.sede@ibama.gov.br) para que qualquer pessoa possa denunciar todos os tipos de crime contra o meio ambiente.

Conheça o *site* do Ibama: <www.ibama.gov.br/>.

Retomada

1. O umbuzeiro é uma árvore da caatinga. Dela tudo se aproveita: frutos, caule, raiz e folhas. Os frutos são muito apreciados e consumidos pela população. Em algumas regiões de caatinga é até mesmo considerada uma árvore sagrada por prover alimento e diversos outros benefícios.

Assim como outras plantas da caatinga, o umbuzeiro perde suas folhas em um período do ano. Com base no que você estudou até agora sobre essa formação vegetal, responda: Por que isso acontece?

_____

_____

2. Leia o texto a seguir e faça o que se pede.

[...] O Cerrado [...] tem mais de 11 mil espécies de plantas, um absurdo de riqueza biológica que só existe no Brasil. Temos um potencial mal conhecido imenso e que estamos, literalmente, cortando pela raiz antes de usá-lo. Estamos substituindo essa variedade toda por cinco espécies: soja, milho, milheto, algodão e arroz. Todas culturas exóticas. [...]

Entrevista com Jader Marinho Filho. Cerrado pode desaparecer por completo em apenas 30 anos. Universidade Federal de Campina Grande, 15 ago. 2006. Disponível em: <www.ufcg.edu.br/prt_ufcg/assessoria_imprensa/mostra_noticia.php?codigo=3056>. Acesso em: 9 jun. 2017.

a) O assunto do texto é:

☐ a riqueza do Cerrado.

☐ a importância da soja, do milho, milheto, algodão e arroz.

b) O que o autor do texto quer dizer com a frase: "Temos um potencial mal conhecido imenso e que estamos, literalmente, cortando pela raiz antes de usá-lo"?

_____

_____

_____

3. As formações vegetais que estudamos vêm passando por transformações e estão sendo devastadas. Reveja o que estudamos e complete a tabela a seguir com as informações pedidas.

Formação vegetal	Estados brasileiros onde ocorre	Principal motivo da devastação	Consequências para a natureza e para a sociedade
Mata Atlântica			
Floresta Amazônica			
Caatinga			
Cerrado			
Campos			
Vegetação litorânea			
Pantanal			
Mata de araucárias			

Periscópio

📖 Para ler

Cores da Amazônia: frutas e bichos da floresta, de César Obeid. Ilustração de Guataçara Monteiro. São Paulo: Editora do Brasil, 2015.
Conheça mais os bichos e as plantas da Amazônia lendo os textos poéticos desse livrinho encantador.

Pantanal em notícias, de Márcia Glória Rodriguez Dominguez. São Paulo: Editora do Brasil, 2008.
Os bichos do Pantanal estão ansiosos para sair no jornal! Um historinha superbacana que você vai gostar de ler.

Flor do Cerrado: Brasília, de Ana Miranda. São Paulo: Companhia das Letrinhas, 2004.
As dificuldades da vida em um imenso canteiro de obras estão misturadas às observações de uma garota que assistiu à construção da capital de nosso país.

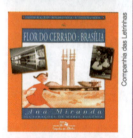

De olho na Mata Atlântica, de Ingrid Biesemeyer. São Paulo: DCL, 2011.
Imagine viajar, no ano de 1500, pelas terras que iriam se tornar o Brasil. Como será que era a Mata Atlântica naquela época? Agora imagine uma viagem feita hoje, pela mesma Mata. O que será que aconteceu? Abra o livro e faça uma boa viagem!

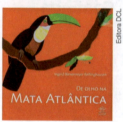

▶ Jogar

Aventura na floresta tropical, de Susan Ring. Barueri: IMB, 2011.
Descubra tudo sobre os oceanos e as florestas tropicais com esse livro *pop-up*! Conheça os animais que habitam esses lugares, como vivem e se alimentam, suas principais características e como se inter-relacionam com o meio.

UNIDADE 7
População brasileira

1. Observe as ilustrações acima e circule a imagem que não está relacionada ao tema de estudo desta unidade.

Quem são os brasileiros

As crianças das imagens abaixo representam a diversidade étnica e cultural existente no Brasil. Você também é parte da população de nosso país. Mas qual é a origem do povo brasileiro? Você sabe o que é diversidade étnica e cultural?

Criança jogando bola de gude, em Macuco, Rio de Janeiro, 2014.

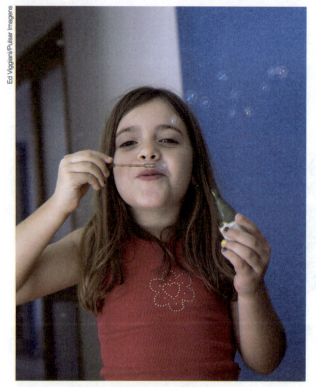

Criança brincando com bolinha de sabão, São Paulo, estado de São Paulo, 2014.

Criança tocando flauta na aldeia Alves de Barros, em Porto Murtinho, Mato Grosso do Sul, 2016.

Os povos indígenas

Há milhares de anos, diversos povos já habitavam o território que hoje pertence ao Brasil. Com a chegada dos europeus no século XVI, boa parte dos povos indígenas foi vitimada por guerras e lutas de resistência. A população sofreu grande diminuição, o que ocorreu, por exemplo, com os tamoios, aimorés, potiguaras e cariris.

Albert Eckhout. *Dança tapuia*. Óleo sobre tela, 168 cm × 294 cm. Tapuia é o nome dado pelos colonizadores a alguns povos indígenas. Eles também usavam esse nome para se referir ao povo cariri na Região Nordeste.

Além das guerras contra a dominação de seu povo, muitos indígenas contraíram doenças, a maioria fatais, trazidas pelos europeus. Outros povos perderam suas terras ou foram escravizados para trabalhar em atividades como exploração de ouro, do pau-brasil ou no cultivo de alimentos.

Costumes e tradições relacionados à **espiritualidade**, hábitos alimentares e até mesmo a língua dos indígenas foram perdidos diante da imposição da cultura dos povos europeus.

> **Espiritualidade:** tudo o que é relacionado à vida espiritual.

Os povos europeus

Os portugueses foram os primeiros europeus a chegar ao território brasileiro, por volta dos anos 1500. Além deles, espanhóis, holandeses e franceses também aportaram no Brasil na época da colonização. Bem mais tarde, já no século XIX e início do século XX, imigrantes europeus de várias outras nacionalidades vieram para o Brasil fugindo de guerras e da pobreza em sua terra natal.

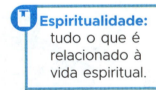

Imigrantes italianos recém-chegados ao Brasil em trem no cais do Porto de Santos, São Paulo, 1952.

Os povos africanos

Milhares de pessoas pertencentes a diferentes povos que viviam no continente africano foram escravizadas, principalmente do século XVI ao XIX. Entre os principais povos trazidos para o Brasil estão os iorubás, os fons, os bacongos e os ambundos.

Os africanos escravizados trabalhavam, especialmente, no cultivo da cana-de-açúcar e do café e nas atividades ligadas à mineração.

Muitas vezes, os africanos e seus descendentes foram proibidos de manifestar suas crenças religiosas, sua língua e seus costumes.

Diversidade cultural

Muitas são as heranças culturais provenientes dos povos que constituíram a população brasileira. Dessa forma, há grande **diversidade cultural** em nossa nação, encontrada nas manifestações religiosas, nas danças, na música, na arte, na culinária e em muitos outros costumes. Veja alguns exemplos:

Ilustrações: Raitan Ohi

1. Você conhece alguma dessas tradições e costumes? Há alguma outra manifestação que ocorre em sua comunidade e pode ser considerada uma herança cultural? Converse com o professor e os colegas sobre isso.

Para saber mais

Demarcação das terras indígenas, urgente!

Estima-se que, na época da chegada dos colonizadores portugueses, a população indígena era de aproximadamente 3 milhões de habitantes nas terras que viriam a ser o Brasil. A ocupação do território pelos europeus provocou diminuição dessa população e até mesmo o desaparecimento de alguns desses povos.

Atualmente, de acordo com o IBGE, vivem no território brasileiro cerca de 850 mil indígenas. Essa população é composta de diversos povos com costumes e culturas diferentes, como tikunas, guaranis, kayapós, terenas, xavantes e ianomâmis. Veja alguns exemplos.

As terras do povo kayapó localizam-se nos estados de Mato Grosso e do Pará. O grupo é formado por cerca de 11 500 pessoas. A fotografia mostra o ritual da dança da mandioca em aldeia localizada no município de São Félix do Xingu, Pará, 2016.

O povo guarani vive principalmente nos estados do Sul e Sudeste do Brasil, exceto Minas Gerais, tanto na zona rural quanto na zona urbana. Na imagem, uma família fazendo compras na cidade de São Paulo, estado de São Paulo, 2017.

Para a preservação da vida e da cultura dos povos indígenas, é muito importante que as terras deles sejam demarcadas pelo governo federal e respeitadas por todos os brasileiros. Observe na página seguinte o mapa que mostra as terras indígenas no Brasil atualmente.

Terras indígenas no Brasil – 2015

Fonte: *Atlas geográfico escolar*. 7. ed. Rio de Janeiro: IBGE 2016, p. 112.

1. Com o auxílio do mapa acima e comparando-o com o mapa da página 40, escolha uma cor e pinte o quadro abaixo com a região do Brasil que concentra mais terras indígenas.

| Norte | Nordeste | Sudeste | Sul | Centro-Oeste |

2. Comparada a outros estados brasileiros, como é a quantidade e a extensão das terras indígenas no estado onde você mora?

_____
_____

124

Quantos são os brasileiros

Quantos habitantes existem atualmente no Brasil? Como podemos saber quantas pessoas vivem em um país? Mas o que é mesmo população?

População é o conjunto de pessoas que vive em determinado lugar, como um bairro, um município ou um país.

Leia a frase a seguir, publicada no ano de 2015:

A população mundial deverá chegar aos 8,5 bilhões em 2030 [...]

Recém-nascidos em maternidade de Leipzig, Alemanha, 2016.

Unric, 30 jul. 2015. Disponível em: <www.unric.org/pt/actualidade/31919-onu-projeta-que-populacao-mundial-chegue-aos-85-mil-milhoes-em-2030>. Acesso em: 3 jul. 2017.

Chamamos de **população mundial** o conjunto de todos os seres humanos que habitam o planeta Terra. De acordo com a Organização das Nações Unidas (ONU), no ano de 2015 viviam na Terra cerca de 7,5 bilhões de seres humanos.

No Brasil, de acordo com as últimas contagens feitas pelo governo federal, somos atualmente cerca de 207 milhões de brasileiros, fato que nos coloca entre os cinco países mais populosos do mundo. Um **país populoso** é aquele que possui um número total de habitantes muito elevado em relação às demais nações do planeta.

Isto é Cartografia

Comparar dados em mapas e gráficos

Analise o planisfério e o gráfico que seguem.

Mundo: países mais populosos – 2016

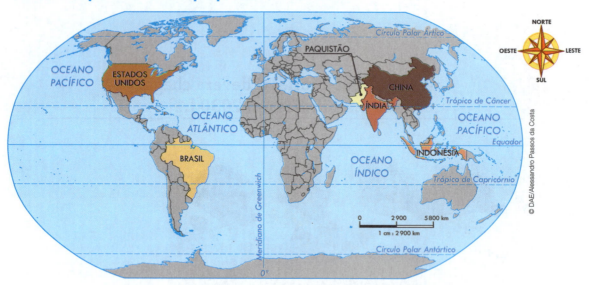

Fontes: *Atlas geográfico escolar*. 7. ed. Rio de Janeiro: IBGE, 2016. p. 32.
IBGE Países. Disponível em: <http://paises.ibge.gov.br/#pt>. Acesso em: jul. 2017.

Países mais populosos do mundo – 2016

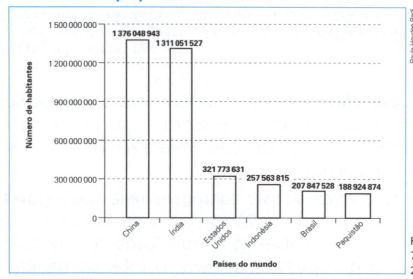

Fonte: *Atlas geográfico escolar*. 7. ed. Rio de Janeiro: IBGE, 2016. p. 70.

126

1. Agora siga as orientações e faça o que se pede.

a) Pinte as colunas do gráfico com as cores que correspondem aos países apresentados no planisfério e, em seguida, verifique a população total de cada país.

b) Os países mais populosos do mundo localizam-se, em sua maior parte, no Hemisfério Norte ou no Hemisfério Sul?

_____

_____

c) O país mais populoso localiza-se no Hemisfério Ocidental ou no Hemisfério Oriental?

_____

_____

d) Qual é a diferença entre o **primeiro** e o **terceiro** colocados em número de habitantes?

_____

_____

_____

_____

_____

e) O Brasil está entre os seis países mais populosos do mundo. Entretanto, qual é a diferença de nosso país, em números, para o primeiro colocado?

_____

_____

_____

_____

Como o Brasil tornou-se tão populoso

No século passado, a população brasileira cresceu rapidamente. Vamos descobrir como isso aconteceu?

Analise o gráfico com a ajuda do professor.

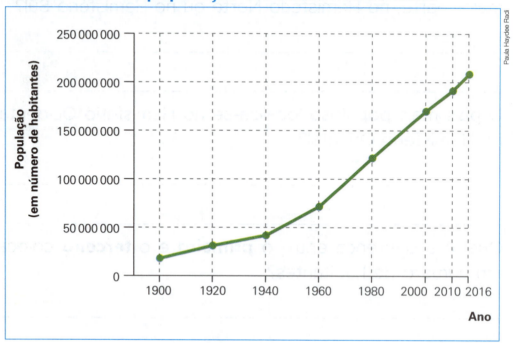

Fonte: IBGE. Disponível em: <www.censo2010.ibge.gov.br/sinopse/index.php?dados=4&uf=00>. Acesso em: 12 jun. 2017.

1. A partir de que ano você pode perceber que o crescimento da população se tornou maior?

___

2. Converse com os colegas e o professor e responda: Por que você acha que isso aconteceu?

___

___

O gráfico acima mostra como a população brasileira cresceu em ritmo acelerado durante o século XX. Esse crescimento ocorreu, principalmente, por causa dos seguintes fatores: a entrada de imigrantes no país, os avanços da medicina e a ampliação do saneamento básico.

Veja os quadros que explicam esses fatores.

Além dos portugueses, foram numerosos os **imigrantes** espanhóis, alemães, italianos, japoneses e árabes, entre outros grupos, que chegaram ao país, principalmente a partir das primeiras décadas do século XX.

Os primeiros japoneses chegaram ao Brasil em 1908. A fotografia mostra o navio Kasato Maru em desembarque no porto de Santos, estado de São Paulo.

A partir da década de 1940, ocorreram muitos **avanços na medicina**. Foram descobertos novos medicamentos, como antibióticos e vacinas, assim como o tratamento e a cura de muitas doenças. O governo também ampliou o atendimento médico e hospitalar para a população por meio da promoção de campanhas de vacinação e de distribuição de remédios. Atualmente, as primeiras doses de algumas vacinas – contra a tuberculose e a hepatite, por exemplo – são tomadas logo após o nascimento. Desse modo, a quantidade de pessoas que morria (a **taxa de mortalidade**) diminuiu.

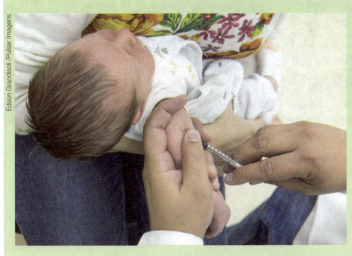

Criança recebe vacina contra a tuberculose em posto de vacinação no município de São Paulo, no estado de São Paulo, 2015.

129

Um fator importante que contribuiu para o crescimento da população foi a **ampliação dos serviços de saneamento básico nas cidades brasileiras**. O tratamento de água e sua distribuição por meio de encanamentos, a coleta de lixo e de esgoto passaram a ser realizados com maior frequência. Desse modo, doenças como diarreia, hepatite e esquistossomose, causadas por água contaminada e por animais que vivem no lixo e no esgoto, passaram a ser evitadas.

Vala para implantação de rede de coleta de esgoto. São Paulo, estado de São Paulo, 1958.

1. Veja a fotografia.

Embora a coleta e o tratamento de esgoto tenham aumentado no Brasil, ainda há muitos domicílios que não são atendidos por esses serviços. Imagem de esgoto a céu aberto em Cabrobó, Pernambuco, 2016.

Participe de uma roda de conversa com os colegas e o professor sobre essa imagem. Em casa, fale com seus familiares sobre o assunto. Depois, responda no caderno às perguntas a seguir.

- Por que o saneamento básico nas cidades é importante?
- No bairro onde você mora há saneamento básico?
- E postos de saúde? Se houver, eles atendem toda a população?

2. Nina tem 7 meses de idade. Ainda na maternidade recebeu algumas vacinas. Circule, em azul, os retângulos no modelo de Caderneta de Vacinação a seguir referentes às vacinas que ela já tomou. Em seguida, circule de vermelho os retângulos correspondentes às vacinas que Nina ainda deve tomar.

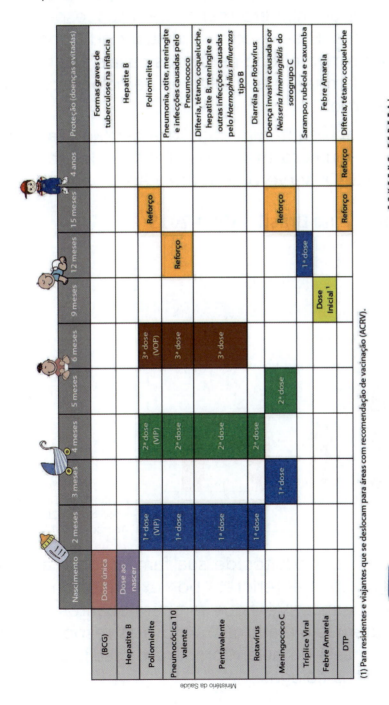

A diminuição no ritmo de crescimento

Vimos que, no decorrer do século XX, a população brasileira cresceu de maneira acelerada, o que fez do Brasil o quinto país mais populoso do mundo. Contudo, nos últimos anos essa realidade vem mudando. Isso significa que o ritmo de crescimento da população diminuiu, passou a ser mais lento do século passado (século XX) para o atual (o século XXI, a partir de 2001).

De maneira geral, as últimas contagens da população indicam que os casais preferem ter um número menor de filhos, especialmente os que moram em cidades. Essa escolha é influenciada por vários fatores, por exemplo: atualmente, boa parte dos casais planejam o número de filhos que desejam ter, e as mulheres participam cada vez mais do mercado de trabalho.

O gráfico a seguir apresenta um dado chamado de **taxa de fecundidade**. Ele mostra o número médio de filhos por mulher em nosso país de 1960 até 2015. Observe-o com atenção.

Taxa de fecundidade no Brasil – 1960-2015

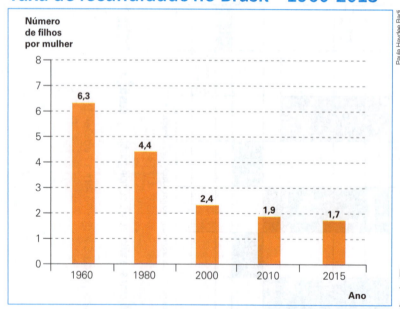

Fonte: IBGE. Disponível em: <goo.gl/E4co2D e goo.gl/x1359b>. Acesso em: 31 jan. 2018.

1. Em casa, pergunte aos adultos de sua família sobre a quantidade de filhos das gerações anteriores, por exemplo, quantos irmãos têm o seu pai e sua mãe. Verifique também quantos filhos tiveram suas bisavós (paternas e maternas). Anote as respostas no caderno e traga para a sala de aula. Compare o resultado de sua pesquisa com o de seus colegas.

A contagem da população

Nas páginas anteriores você verificou diferentes dados sobre a população, não é mesmo? Você sabe como são feitas as pesquisas que contam o número de habitantes do país? Em quantas casas há água encanada? Quantas pessoas nasceram ou morreram em determinado período?

A contagem da população é feita por meio de **recenseamento**, uma pesquisa que coleta várias informações sobre os habitantes de um lugar. No Brasil, o recenseamento recebe o nome de **censo demográfico** e é realizado a cada dez anos pelo Instituto Brasileiro de Geografia e Estatística (IBGE). A pesquisa coleta dados como: idade da população, número de crianças, adultos e idosos, homens e mulheres, escolaridade, renda média, entre outras informações.

O IBGE treina pessoas – os recenseadores – para aplicar os questionários em residências de todos os municípios do país. Depois, os dados coletados são organizados e analisados. Por fim, as informações são divulgadas para toda a sociedade.

O IBGE tem uma página especial para os alunos do Ensino Fundamental: IBGE *Teen*. IBGE/Disponível em: <http://teen.ibge.gov.br>. Acesso em: 22 ago. 2017.

133

Gráficos

As pirâmides etárias

Como os dados dos censos demográficos podem ser apresentados?

Além dos gráficos que você já observou, uma maneira eficiente de conhecer os resultados dos dados coletados nos censos demográficos é por meio da **pirâmide etária** brasileira. A pirâmide etária, ou pirâmide de idade, é um **gráfico de barras** que representa a distribuição da população por faixa de idade e por gênero: masculino ou feminino.

Observe com atenção a pirâmide etária abaixo, que mostra dados sobre a população brasileira, e leia os quadros que a acompanham.

Pirâmide etária brasileira – 2014

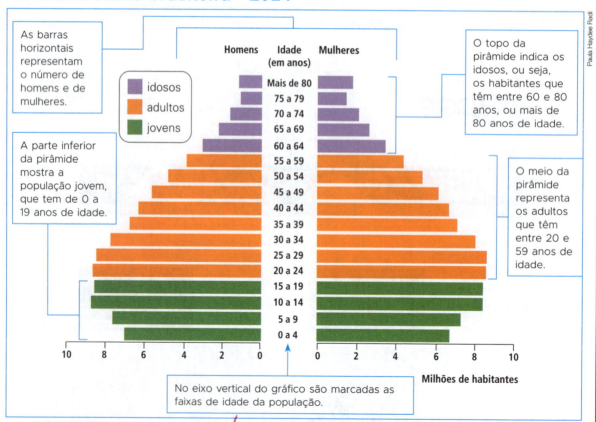

Fonte: IBGE. *Anuário estatístico do Brasil 2014*. Disponível em: <http://biblioteca.ibge.gov.br/visualizacao/periodicos/20/aeb_2014.pdf>. Acesso em: 30 nov. 2017.

Reúna-se com os colegas e o professor e, juntos, analisem o gráfico da pirâmide etária.

1. Você pode ver que a parte de baixo da pirâmide etária mostra a quantidade de crianças e jovens. E do que as crianças e os jovens necessitam? Em sua opinião, que tipo de ações devem ser tomadas pelo governo para atender essa população?

_____

_____

_____

_____

2. No meio da pirâmide estão os dados a respeito dos adultos. É possível saber o número de homens e mulheres adultos? O que é necessário para atender essa população?

_____

_____

_____

_____

3. Já o topo da pirâmide mostra a quantidade de homens e mulheres idosos no país. E essa população, do que mais necessita? Que ações o governo deve planejar para atender essa parte da população?

_____

_____

_____

Os dados revelados na pirâmide de idade são muito importantes para os governos dos municípios, dos estados e do país. Isso porque os auxiliam a desenvolver programas de atendimento adequados a toda a população, específicos para homens e mulheres de idades e realidades econômicas diferentes.

135

◆ Onde vivem os brasileiros

Você vive no campo ou na cidade? Caso viva em uma área urbana, você a considera uma cidade pequena, média ou grande? Você sabe quais são as regiões do Brasil em que a população está mais concentrada?

Observe a fotografia abaixo.

O futebol é um dos esportes preferidos dos brasileiros. Em algumas partidas, uma multidão de pessoas vai aos estádios, como nessa que reuniu cerca de 65 mil espectadores na cidade do Rio de Janeiro, em agosto de 2016.

Muitas vezes, o total de espectadores de uma partida de futebol em uma grande cidade, como o Rio de Janeiro, é maior do que o total de habitantes de vários municípios brasileiros. O que isso mostra?

Esse fato é um exemplo da desigualdade na distribuição da população pelo território nacional. Vamos entender como isso acontece?

Isto é Cartografia

Interpretação de um mapa da população

O mapa a seguir mostra de que forma a população brasileira está distribuída no território nacional. Leia o título do mapa, a explicação sobre a legenda e analise-o com atenção.

Brasil: distribuição da população – 2014

Atlas geográfico escolar. 7. ed. Rio de Janeiro: IBGE, 2016. p. 114.

No mapa acima, as áreas de maior concentração de população são identificadas pelo maior número de pontos vermelhos próximos uns dos outros. Agora responda às questões e faça o que se pede.

1. Escreva o nome de três estados brasileiros que têm áreas com **grande** concentração de população.

137

2. Escreva o nome de três estados brasileiros em que há áreas com **pequena** concentração de população.

_____

_____

3. Que parte de nosso território – litoral ou interior – concentra a maioria das capitais brasileiras?

_____

_____

4. Descreva a distribuição da população no interior do estado onde você vive.

_____

_____

_____

_____

5. Como a população está distribuída no território brasileiro? Circule a resposta correta.

a) De forma regular.

b) De forma irregular.

Populoso e povoado

Se na última questão da atividade anterior você respondeu que a população brasileira está distribuída de forma irregular em nosso território, interpretou e compreendeu bem o mapa. Por meio dele, é possível verificar que as áreas mais próximas ao litoral, no leste e no sul, são bastante **povoadas** e **populosas**, enquanto as áreas mais ao centro, ao norte e a oeste do país são regiões com média ou baixa concentração populacional, ou seja, menos **povoadas**.

As migrações internas

Você sabe se alguém de sua turma se mudou recentemente de outro estado ou município para o seu? Sabia que a pessoa que muda de um lugar para outro é um migrante? Mas o que significa a palavra migrante? Converse com os colegas e o professor sobre isso.

Leia o relato a seguir.

A imagem ao lado é uma xilogravura produzida pelo artista J. Borges. Ela mostra um "pau-de-arara", veículo que transportava os migrantes da Região Nordeste para outras regiões do país.

No final dos anos 60, nós morávamos no Maranhão. Era uma cidadezinha pequena, sem nada. Não tinha luz, nem água, nem asfalto. Meu pai vendeu seu pedaço de chão, arrumou tudo e viemos para São Paulo. Lá do "norte" ele acertou para ficar num lugar chamado Pontal do Paranapanema. Ele sonhava com coisa melhor para a família, aquela miséria de lugar onde morávamos dava desgosto no pai. Conhecidos já tinham vindo e escrito para vir que tinha emprego para todo mundo. Ele não sabia o que era Pontal, mas achava que era melhor que lá. [...]

Scripta Nova. Disponível em: <www.ub.edu/geocrit/sn-94-50.htm>. Acesso em: 4 jul. 2017.

1. Agora, responda no caderno:
   a) O relato que você leu é de uma senhora. O nome dela é Iranilde. Ela é migrante. O que significa ser migrante?
   b) Onde morava dona Iranilde até o final dos anos 1960? E para onde a família dela se mudou?
   c) Por que o pai dela resolveu se mudar com toda a família?

Durante a segunda metade do século XX, o governo federal criou vários projetos econômicos para ocupar o interior do país. Além da construção de Brasília, foram implantados, principalmente, projetos de mineração (ferro, manganês, bauxita etc.) e agropecuários (plantações de soja, milho e pastagens para gado) com o objetivo de ocupar áreas do território até então inexploradas. Muitos trabalhadores mudaram-se para as áreas desses projetos à procura de emprego. Observe as fotografias a seguir.

A construção de Brasília, no final da década de 1950, atraiu milhares de migrantes para a região central do Brasil. Na fotografia, obra do Congresso Nacional, em 1959.

Trabalhadores durante a construção de linha férrea do Projeto Grande Carajás, no estado do Pará, 1982.

Vista aérea da construção da Rodovia dos Bandeirantes, no estado de São Paulo, 1977.

Esses projetos atraíram milhares de **migrantes**, pessoas que deixaram sua terra natal em busca de trabalho e de melhores condições de vida. Os trabalhadores e suas famílias se deslocaram sobretudo para as áreas mais interioranas. A esses deslocamentos da população de uma região para outra, dentro do território brasileiro, chamamos **migrações internas**.

Veja no mapa abaixo as principais correntes de migrações internas que ocorreram no Brasil desde 1950 até 2010.

Brasil: correntes migratórias – 1950-2010

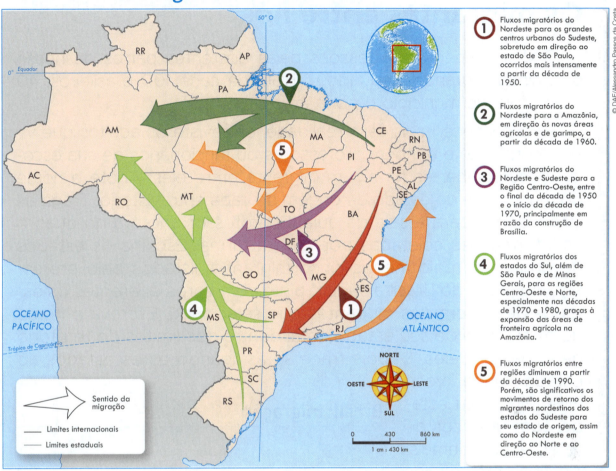

Fonte: Centro de Estudos Migratórios. *Migrações no Brasil: o peregrinar de um povo sem-terra*. São Paulo: Paulinas, 1986. p. 22-23.

1. Identifique no mapa as principais correntes de migrações internas: De que região e para qual região do Brasil cada uma delas se desloca?

_____
_____
_____
_____
_____
_____

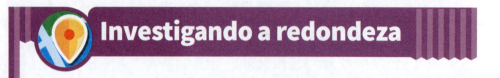

Investigando a redondeza

Os migrantes entre nós

O deslocamento de pessoas pelas diferentes partes de nosso país ainda é grande. Segundo o IBGE, de cada 100 brasileiros, 40 vivem fora do município de origem.

Para conhecer mais essa realidade, entreviste os adultos que vivem com você e também professores ou funcionários de sua escola. Procure saber se há algum migrante entre eles. Anote o nome do município e do estado de origem de cada entrevistado. Traga as informações para a sala de aula. O professor anotará no quadro as informações coletadas por toda a turma. Escolha os estados de origem de pelo menos cinco migrantes listados pelo professor. No mapa do Brasil a seguir, pinte com cores diferentes os estados de origem dos migrantes que selecionou. Escreva o nome do migrante e de seu estado natal dentro dos limites do território de cada um deles. Depois trace setas ligando estes estados ao estado onde você vive. Pinte seu estado com uma cor diferente das demais. Ao final, mostre aos colegas como ficou seu mapa e também veja como ficaram os deles.

Brasil: migração

Atlas geográfico escolar. 7. ed. Rio de Janeiro: IBGE, 2016.

142

As migrações do campo para as cidades

Além das migrações de uma região para outra, no Brasil também ocorreram deslocamentos de pessoas do campo para as cidades. Com a modernização das atividades agrícolas em várias regiões brasileiras, muitos trabalhadores perderam o emprego nas áreas rurais. Boa parte deles foi atraída pelo aumento da oferta de trabalho nas fábricas e no comércio. Assim, um número cada vez maior de pessoas passou a migrar de cidades menores e do campo para os centros urbanos maiores.

Esse fato foi extremamente importante para que, entre as décadas de 1960 e 1970, a população brasileira se tornasse predominantemente urbana. Isso significa que a maioria dos habitantes de nosso país passou a viver em cidades, sobretudo em grandes centros urbanos.

Observe o gráfico a seguir e responda às questões.

Brasil - população urbana e rural – 1940-2014

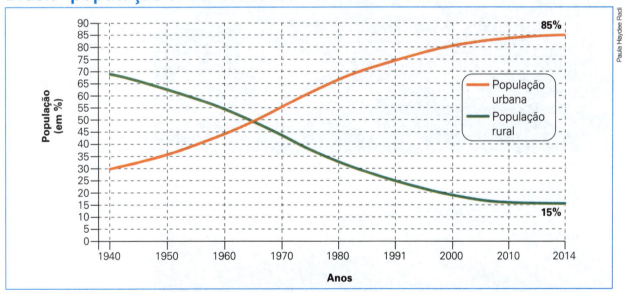

Fontes: IBGE. *Anuário estatístico do Brasil*. Rio de Janeiro, 1998; IBGE. *Censo demográfico 2000*. Rio de Janeiro, 2001; IBGE. *Sinopse do Censo Demográfico 2010*. Disponível em: <www.ibge.gov.br>; The World Bank. Disponível em: <http://data.worldbank.org/indicator/SP.RUR.TOTL.ZS>. Acesso em: 16 jan. 2016.

1. Entre quais anos a população urbana se igualou à população rural?

2. Em 2014, qual era a porcentagem da população urbana? E da população rural?

143

Crescimento das cidades

Vimos que a maior parte da população brasileira passou a viver em cidades, principalmente em grandes centros urbanos. Podemos dizer que isso ocorreu de maneira relativamente rápida e fez com que essas cidades crescessem de forma desordenada.

Veja nas fotografias a seguir o crescimento de Florianópolis, capital do estado de Santa Catarina, entre 1950 e 2015.

Vista aérea de Florianópolis, Santa Catarina, em 1950. A ilha está em primeiro plano e, ao fundo, a área continental.

Vista de Florianópolis, Santa Catarina, 2015. No primeiro plano está a ilha e, ao fundo, a área continental.

Além de grandes cidades, como São Paulo e Rio de Janeiro, e de outras capitais estaduais, como Florianópolis, muitos municípios do interior também cresceram, recebendo migrantes das áreas rurais e das pequenas cidades vizinhas. Isso ampliou ainda mais a **rede urbana** brasileira: as grandes, médias e pequenas cidades foram interligadas, sobretudo por meio de estradas, passando a depender umas das outras.

Por meio dos mapas a seguir, observe como o crescimento urbano se deslocou em direção ao interior do país.

Cidades brasileiras com mais de 200 mil habitantes – 1960

Fonte: Milton Santos e Maria L. Silveira. *O Brasil: território e sociedade no início do século XXI*. Rio de Janeiro: Record, 2001.

Cidades brasileiras com mais de 200 mil habitantes – 2010

Fonte: Sistema IBGE de Recuperação Automática. Disponível em: <https://sidra.ibge.gov.br/pesquisa/estimapop/tabelas>. Acesso em: 12 dez. 2017.

1. Quantas cidades com mais de 200 mil habitantes havia no estado onde você mora em 1960? E quantas havia em 2010?

_____

_____

2. Compare os mapas acima com o mapa de regiões brasileiras da página 40. Quais foram as regiões brasileiras que mais ganharam cidades com população acima de 200 mil habitantes?

_____

_____

145

Os problemas das grandes cidades brasileiras

O rápido crescimento urbano no país criou diversos problemas que, ainda hoje, estão sem solução definitiva. Veja alguns problemas importantes:

a) **O trânsito caótico:** na maioria dos grandes centros urbanos do Brasil, o serviço de transporte coletivo é ineficiente. Não há ônibus, trens ou metrô em quantidade suficiente para transportar toda a população, o que resulta em atrasos e superlotação. Por isso, muitas pessoas optam pelo meio de transporte particular, aumentando o número de veículos nas ruas e ocasionando imensos congestionamentos.

Município de Salvador, Bahia, 2017.

b) **As moradias e a infraestrutura precárias:** boa parte da população de baixa renda vive na periferia dos grandes centros urbanos. Muitas vezes, as residências encontram-se em **áreas de risco**, como encostas de morros ou margens de rios e córregos. Nessas regiões da cidade é comum a falta de serviços de infraestrutura, como redes de esgoto, pavimentação das vias e iluminação pública; de saúde, como postos de atendimento médico e hospitais; além de creches e escolas em número suficiente para atender toda a comunidade.

Município de Mairiporã, São Paulo, 2016.

> **Área de risco:** lugar em que não é recomendada a construção de residências ou outras construções devido à possibilidade de desabamentos ou inundações.

c) **A poluição e o lixo urbano:** boa parte das grandes cidades brasileiras continua a enfrentar sérios problemas ligados à poluição do ar, ocasionada por gases tóxicos lançados pela frota de automóveis, pelas chaminés das fábricas ou pela queima de lixo. É alarmante também a poluição das águas dos rios por causa do lançamento de esgoto e rejeitos industriais. Além disso, o lixo gerado nas residências nem sempre tem o destino adequado: muitas vezes é depositado a céu aberto e diretamente no solo, contaminando as águas subterrâneas.

Município de Arraial do Cabo, Rio de Janeiro, 2016.

Para saber mais

Tecnologia para melhorar o trânsito

Em 2016, a prefeitura da cidade do Rio de Janeiro inaugurou o Veículo Leve sobre Trilhos (VLT). Trata-se de um bondinho moderno, que funciona a eletricidade e tem capacidade de transportar cerca de 300 mil pessoas por dia.

VLT passa pelas ruas do centro da cidade do Rio de Janeiro, estado do Rio de Janeiro, 2016.

1. Converse com os colegas sobre as vantagens e as desvantagens do uso do VLT em uma cidade grande como o Rio de Janeiro. Que outros tipos de iniciativa como essa podem ser adotadas para melhorar a qualidade de vida da população das grandes cidades brasileiras?

147

Retomada

1. No Brasil vivem pessoas de diferentes origens e há grande diversidade étnica e cultural. Observe a fotografia.

   A capoeira, por exemplo, é uma das manifestações originadas na cultura dos povos africanos que vieram para o país. Pesquise alguns exemplos da diversidade cultural brasileira relacionados à:

   Crianças jogando em roda de capoeira. São Paulo, São Paulo, 2015.

   a) diversidade étnica;

   b) diversidade cultural (como na culinária e nas manifestações artísticas);

   c) diversidade religiosa.

2. Leia as frases e assinale **sim** nas afirmações corretas e **não** nas incorretas.

   a) O Brasil é um país populoso.

   ☐ Sim.   ☐ Não.

   b) O território do Brasil é igualmente povoado.

   ☐ Sim.   ☐ Não.

   c) Todos os estados brasileiros são igualmente populosos.

   ☐ Sim.   ☐ Não.

   d) Alguns estados brasileiros são mais povoados que outros.

   ☐ Sim.   ☐ Não.

3. A fotografia ao lado mostra um centro de tradições gaúchas no estado do Acre. O que ela pode nos indicar a respeito das migrações internas no Brasil?

Centro de Tradições Gaúchas Coronel Plácido de Castro. Rio Branco, Acre, 2014.

_____

_____

_____

_____

4. Observe a cena a seguir.

Agora, em seu caderno, organize uma tabela e escreva, na coluna da esquerda, os problemas que você identificou nesta cena. Na mesma linha, mas na coluna da direita, aponte soluções para cada problema detectado.

149

Periscópio

📖 Para ler

Estórias quilombolas, de Gloria Moura. Brasília: Ministério da Educação, 2010.
Vamos celebrar a diversidade e conhecer melhor as histórias de povos quilombolas, passadas de geração em geração? São contos que fazem o leitor refletir.

De onde você veio? Discutindo preconceitos, de Liliana Iacocca e Michele Iacocca. São Paulo: Ática, 2010.
Quer ter mais informações sobre nossa diversidade, diferenças e cultura? Aqui também se discute o preconceito.

Viagem ao mundo indígena, de Luís Donisete Benzi Grupioni. São Paulo: Berlendis & Vertecchia, 2006.
Ao manter contato com os brancos, os indígenas mudam. Mas eles não deixam de ser indígenas por causa disso.

Histórias de avô e avó, de Arthur Nestrovski. São Paulo: Companhia das Letrinhas, 1998. Coleção Memória e História.
O autor conta a história de seus avós, imigrantes russos que vieram morar no Brasil. Cartões-postais e fotografias antigas e recentes ilustram o livro.

👆 Para acessar

IBGE 7 a 12: o *site* traz jogos e muitas informações sobre nosso país. Disponível em: <http://7a12.ibge.gov.br>. Acesso em: jul. 2017.

150

UNIDADE 8
A economia brasileira

Observe a ilustração a seguir.

1. Você conhece pessoas que trabalham em lugares como esse? Fique atento, pois nesta unidade estudaremos algumas características importantes do trabalho dos brasileiros.

Os setores da economia

Por que o trabalho das pessoas é importante para a sociedade brasileira? Você sabia que é o trabalho delas que movimenta a economia do país? Mas o que é economia?

A **economia** de um país se refere a seu sistema produtivo, ou seja, a tudo que é produzido e consumido em seu território e comercializado com outros países, seja em vendas, seja em compras. Esse sistema engloba as diferentes atividades econômicas, como agricultura, pecuária, extrativismo, indústria, comércio e prestação de serviços.

Os setores das atividades econômicas

Na economia de um país, as atividades podem ser agrupadas em três setores diferentes. Observe:

Setor secundário
Agrupa as atividades de transformação das matérias-primas, como a indústria e a construção civil.

Setor primário
Engloba as atividades voltadas basicamente à produção de matérias-primas, ou seja, agricultura, pecuária e atividade extrativista (mineral, animal ou vegetal).

Setor terciário
Engloba as atividades ligadas ao comércio de produtos industrializados ou não e à prestação de serviços.

Ilustrações: José Wilson Magalhães

1. Identifique a profissão que está descrita nas frases a seguir e indique o setor da economia ao qual ela pertence (primário, secundário ou terciário).

TAXISTA	AGRICULTOR	PECUARISTA
VENDEDORA	ENGENHEIRO	OPERÁRIO
PRIMÁRIO	SECUNDÁRIO	TERCIÁRIO

a) Josué leva, com seu carro, pessoas a vários lugares da cidade, todos os dias. Ele é _____. O setor da economia em que esse prestador de serviços trabalha é o setor _____.

b) Cláudio trabalha na terra plantando e colhendo alimentos. Ele tem a horta mais bem cuidada da região. Cláudio é _____. O setor da economia em que sua profissão está agrupada é o setor _____.

c) Jaqueline é dona de uma grande fazenda e cria gado bovino. Ela é _____. O setor da economia ao qual pertence seu trabalho é o setor _____.

d) Rafaela trabalha em uma loja que vende roupas em uma grande rede de lojas. Ela é _____. O setor da economia em que trabalha essa profissional é o setor _____.

e) Paulo trabalha projetando casas e prédios. Ele é _____. O setor da economia ao qual sua atividade pertence é o setor _____.

f) Amauri trabalha em uma fábrica de alimentos há muitos anos. Conhece todo o processo da produção. Ele é _____ e trabalha no setor _____.

O comércio e os serviços

Você sabe o que são comércio e prestação de serviços? Já sabe qual é o setor das atividades econômicas a que eles pertencem?

Há diversos institutos – como o IBGE, que você já estudou – que fazem pesquisas para conhecer aspectos da população. Essas pesquisas também consideram os aspectos econômicos. Assim é possível saber, por exemplo, qual setor de nossa economia emprega um número maior de profissionais.

Os dados a seguir mostram, proporcionalmente, a quantidade de brasileiros que trabalha em cada setor da economia.

Trabalhadores empregados por setor da economia (em %) – 2015		
Setor primário	Setor secundário	Setor terciário
14	22	64

Fonte: *Pesquisa Nacional por Amostra de Domicílios*. Síntese de Indicadores 2015. Rio de Janeiro: IBGE, 2016.

Agora verifique como é possível visualizar essas informações em um gráfico chamado **sectograma**.

1. Pinte o gráfico de acordo com a legenda.

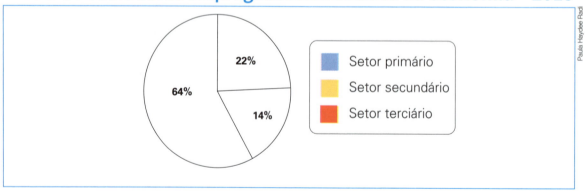

Fonte: *Pesquisa Nacional por Amostra de Domicílios*. Síntese de Indicadores 2015. Rio de Janeiro: IBGE, 2016.

2. Observe novamente o gráfico e responda:
Qual é o setor da economia brasileira que mais emprega trabalhadores?

154

O comércio e os serviços são atividades que cresceram bastante nas últimas décadas, principalmente porque a maioria dos brasileiros passou a viver em cidades. Esse crescimento possibilitou ao comércio se diversificar, e atualmente, em muitas cidades, há desde pequenas lojas e mercados até grandes *shopping centers* e hipermercados, por exemplo.

Há grande variedade de empresas prestadoras de serviços, como bancos, clínicas médicas e institutos de beleza. Aumentaram ainda a oferta de serviços públicos e, consequentemente, o número de empresas que trabalham a serviço de órgãos e instituições do governo para fornecer, por exemplo, energia elétrica, água e coleta de lixo para a população em geral.

Comércio no Mercado Ver-o-Peso, em Belém, Pará, 2015.

Trabalhadores em manutenção de poste de energia elétrica, município de São João do Oeste, Santa Catarina, 2015.

Investigando a redondeza

O trabalho das pessoas com quem convivo

Para conhecer um pouco melhor os setores da economia é possível agrupar o trabalho das pessoas que convivem com você.

Faça, no caderno, uma tabela com o nome de três pessoas. Ao lado de cada nome, escreva a atividade que ela exerce. Veja um exemplo:

Responsável (nome)	Atividade exercida	Setor da economia ao qual pertence
Pai: João	vendedor	terciário

Em sala de aula, você e os colegas devem elaborar outra tabela, que reúna as informações coletadas pela turma. Essa tabela deve ter três colunas, uma para cada setor: primário, secundário e terciário. Para completá-la, cada aluno deve relatar a profissão ou a atividade de cada pessoa pesquisada. O professor poderá então registrar esses dados. Veja outro exemplo:

Setor primário	Setor secundário	Setor terciário
agricultor	operário	vendedor

1. Com base nessa tabela, responda oralmente com os colegas:
- Em qual setor da economia trabalha a maior parte das pessoas pesquisadas por vocês?
- Qual setor reúne a menor quantidade de pessoas?
- A quantidade de trabalhadores pesquisados em cada setor da economia é parecida com os dados que vimos sobre o Brasil ou é muito diferente? Reflita sobre isso.

A indústria

O que você sabe da indústria brasileira? Quais são os tipos de produtos fabricados por ela?

A indústria está entre as atividades econômicas de maior destaque na economia brasileira. Com a extração de minérios, as fábricas instaladas no Brasil produzem desde metais com alto valor comercial, como o ferro e o estanho, até tecidos, produtos alimentícios, automóveis, navios, aviões e satélites artificiais. Há até mesmo indústrias que produzem máquinas para que outras indústrias fabriquem seus produtos.

Provavelmente o tipo de indústria que está mais presente em nosso dia a dia é a chamada **indústria de bens de consumo**. Ela produz bens ou mercadorias que são consumidos diretamente pela população. Veja o esquema abaixo:

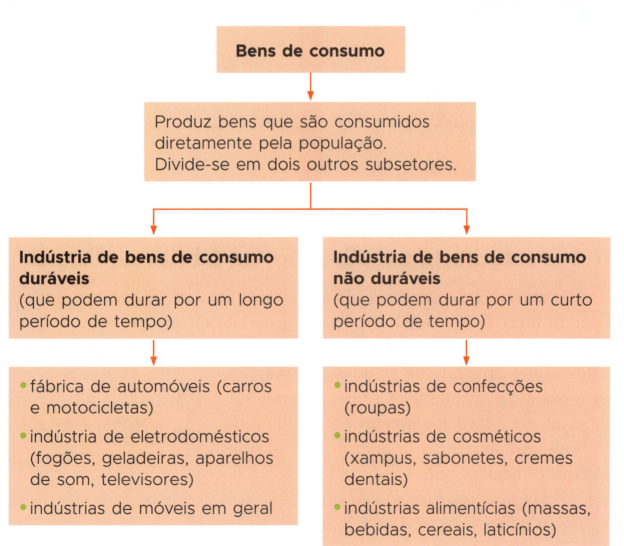

1. Relacione os produtos com os subsetores da indústria de bens de consumo aos quais pertencem.

   A indústria de bens de consumo duráveis

   B indústria de bens de consumo não duráveis

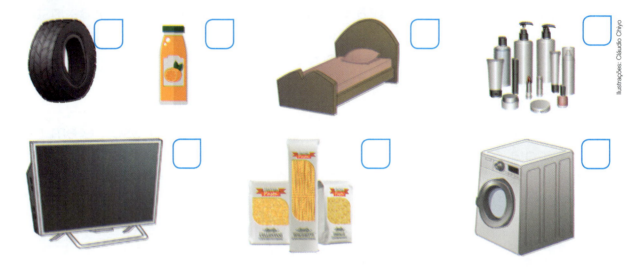

Para saber mais

Indústria e tecnologia

Leia o texto a seguir:

Robôs substituem trabalhadores em fábrica no Paraná

Na fabricante de carretas [...], no interior do Paraná, não tem gente fazendo força. São os robôs espalhados pela fábrica que carregam as peças pesadas. São também robôs que soldam as diferentes partes dos veículos. Antes privilégio de grandes **corporações**, os robôs estão invadindo as linhas de produção de pequenas e médias empresas no mundo todo e prometem mudanças importantes na divisão global do trabalho [...].

Corporação: grande empresa industrial.

Agência Estado. Robôs substituem trabalhadores em fábrica no Paraná. *Bonde*, 1 abr. 2012. Disponível em: <www.bonde.com.br/?id_bonde=1-39--5-20120401>. Acesso em: 7 jul. 2016.

Quem são os "trabalhadores" em destaque na indústria citada no texto? Se você respondeu que são os robôs, acertou! Mas não existe somente esse tipo de indústria, que usa a tecnologia de máquinas trabalhando na fabricação de seus produtos.

No Brasil, há também fábricas que empregam diferentes **níveis de tecnologia**. Mas o que isso significa?

De um lado, temos indústrias modernas, que utilizam tecnologias altamente sofisticadas, com máquinas de precisão e robôs, como é o caso das indústrias de automóveis, de aviões, de medicamentos e de extração de petróleo.

De outro lado, indústrias que empregam técnicas simples e máquinas tradicionais, como as fábricas de vassouras, de doces, salgadinhos e outros alimentos, pequenas fábricas de roupas, móveis etc.

Robôs em linha de produção de automóveis em Curitiba, Paraná, 2016.

Pequena fábrica de produção de queijo, município de São Roque de Minas, Minas Gerais, 2015.

1. Converse com os colegas e o professor:
- Há indústrias no município onde você mora?
- Há muitas pessoas empregadas nessa atividade econômica?
- Vocês sabem se são indústrias que utilizam tecnologia avançada? Ou são indústrias mais tradicionais?

159

A distribuição da indústria pelo território

No Brasil é possível encontrar diferentes tipos de fábricas, que atendem a quase todas as necessidades da economia do país. Reunindo as indústrias de pequeno, médio e grande portes, o parque fabril – ou seja, o conjunto das fábricas brasileiras – está entre os 15 maiores do mundo.

No entanto, essa atividade industrial está distribuída de maneira desigual no território brasileiro, isto é, está mais concentrada em alguns estados do que em outros.

Para entender melhor essa distribuição, observe com atenção o mapa abaixo.

Brasil: concentração industrial – 2016

Fonte: IBGE. *Atlas geográfico escolar*. 7. ed. Rio de Janeiro: 2016. p. 136.

Com base no mapa, responda:

1. Quais são os estados brasileiros com maior concentração de indústrias?

_____

_____

2. E quais são os estados com menor concentração de indústrias?

_____

_____

3. Agora é com você! Com os colegas e o professor, responda: De acordo com o mapa, como se caracteriza a indústria no estado onde você vive?

_____

_____

Para saber mais

A agroindústria em expansão

Nas últimas décadas observou-se um forte processo de expansão das atividades industriais em direção ao interior do país. Isso vem ocorrendo em regiões dos estados do Paraná, Santa Catarina, Rio Grande do Sul, Goiás, Bahia, Pernambuco e Ceará, por exemplo.

O principal tipo de indústria em expansão é a chamada **agroindústria**. Ela recebe esse nome porque transforma as matérias-primas vindas da agricultura e da pecuária em novos produtos, que servirão a outras indústrias ou que serão comercializados diretamente com a população em geral.

Linha de produção de frigorífico no município de Lapa, Paraná, 2017.

Alguns exemplos de agroindústrias são: as usinas de cana-de-açúcar, as fábricas de óleo e farelo vegetal, as indústrias de suco concentrado, além dos laticínios e dos frigoríficos.

Pesquise se em seu município há alguma agroindústria e quais são os produtos fabricados por ela.

161

A atividade agropecuária

O que são as atividades agropecuárias? Você sabe se elas são importantes para a economia do município onde mora?

Podemos dizer que a expansão industrial em direção ao interior do Brasil, sobretudo de agroindústrias, está ligada ao crescimento da **agropecuária moderna**, que começou na década de 1960.

Desse período em diante, o governo federal passou a apoiar a produção de gêneros agropecuários destinados principalmente à indústria e à exportação, com o objetivo de aumentar as reservas financeiras do país e ocupar regiões despovoadas.

Dessa forma, expandiram-se as lavouras de soja, milho, cana-de-açúcar, laranja e de outros produtos bem-aceitos no mercado internacional. Essas lavouras passaram a ser cultivadas e colhidas em grandes fazendas, onde são usados muitos tratores, fertilizantes, agrotóxicos, colheitadeiras ou trabalhadores temporários.

O rebanho brasileiro de bovinos (bois e vacas) e de aves (galinhas e frangos) também aumentou muito.

Colheita mecanizada de milho em Chapadão do Sul, Mato Grosso do Sul, 2014.

Granja de produção avícola em Cunha Porã, Santa Catarina, 2015.

Os meios de transporte

O que são os meios de transporte? Por que eles são importantes na economia de um país?

Nas últimas décadas, extensas áreas do espaço rural brasileiro têm sido utilizadas para produzir matérias-primas destinadas à atividade industrial ou à exportação. Ao mesmo tempo, as atividades praticadas no campo passaram a depender cada vez mais dos produtos industrializados e das tecnologias produzidos e desenvolvidos nas cidades.

Com o crescimento das atividades industriais e agrícolas e a intensificação da inter-relação entre o campo e as cidades, houve a necessidade, por parte do governo brasileiro, de ampliar a rede de transportes.

Em 2016, o Brasil tinha cerca de:

- 210 mil quilômetros de rodovias;
- 41 mil quilômetros de hidrovias;
- 30 mil quilômetros de ferrovias;
- e centenas de aeroportos que ligam todas as regiões do Brasil e suas principais cidades ao exterior.

1. Siga o modelo e complete com as denominações utilizadas para cada tipo de meio de transporte.

    a) Transporte por rodovias: transporte rodoviário (automóveis, caminhões, ônibus etc.).

    b) Transporte por hidrovias: _____

    c) Transporte por ferrovias: _____

    d) Transporte por aerovias: _____

O transporte rodoviário

Você conhece alguém que seja caminhoneiro? O que você sabe sobre essa profissão? Leia o texto a seguir.

Vida sobre rodas

O transporte rodoviário é o principal modo de deslocamento de carga utilizado no Brasil. Estima-se que 65% de tudo o que é produzido é transportado por caminhões, fazendo com que a figura do caminhoneiro seja uma das mais importantes para o funcionamento do país. A vida na estrada é cheia de aventuras e desafios, alegrias e tristezas. Ser um caminhoneiro significa passar por dificuldades, viver longe da família, viajar pelo país e, acima de tudo, ter histórias para contar.

Vida de caminhoneiro: histórias de quem vive pelas estradas do Brasil. *Diário do Nordeste*, 21 out. 2014. Disponível em: <http://diariodonordeste.verdesmares.com.br/cadernos/vida/online/vida-de-caminhoneiro-historias-de-quem-vive-pelas-estradas-do-brasil-1.1130754>. Acesso em: 6 jul. 2017.

A profissão de caminhoneiro é muito comum nas estradas brasileiras. Isso ocorre porque, de acordo com as informações que você observou anteriormente, a extensão das rodovias é muito maior que a das hidrovias e ferrovias, não é mesmo? Reveja os números na página 163.

Entretanto, nas primeiras décadas do século XX as ferrovias eram as principais vias de transporte do país. Os trens transportavam vários tipos de mercadorias, mas a prioridade era o café, então o principal produto agrícola brasileiro.

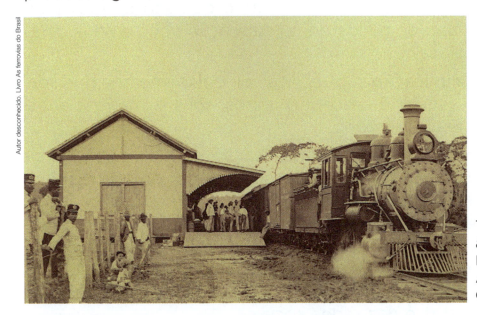

Trem chegando à antiga Estação Natividade, atual Aimorés, Minas Gerais, 1920.

Caminhões trafegando na Rodovia BR-242, na região do Parque Nacional da Chapada Diamantina. Palmeiras, Bahia, 2016.

Foi a partir da década de 1950, com a expansão da indústria, que as rodovias passaram a ser cada vez mais importantes. Assim, o tipo de transporte priorizado no Brasil foi o rodoviário (caminhões, ônibus e automóveis). As rodovias foram modernizadas e novos trechos de estradas foram construídos, ligando os grandes centros urbanos às cidades de interior.

Assim, o transporte rodoviário por caminhões tornou-se o principal meio de deslocamento de matérias-primas e de bens industrializados entre os locais de produção e de consumo.

Os meios de comunicação

Além dos transportes, é muito importante que um país tenha uma ampla rede de meios de comunicação. Mas o que são os meios de comunicação? Que tipo de meios de comunicação você e seus colegas utilizam no dia a dia?

Os **meios de comunicação** são técnicas ou equipamentos que servem para transmitir (enviar ou receber) textos, sons e imagens entre diferentes pontos de um território.

Podemos agrupar os meios de comunicação em dois tipos principais: os **pessoais**, usados entre duas pessoas ou por grupos restritos de pessoas (em casa ou em empresas), como computadores conectados à internet, telefones fixos e celulares, e aplicativos para troca de mensagens de texto, imagem e voz; e os **meios de comunicação de massa**, que servem para transmitir informações a um grande número de pessoas ao mesmo tempo, como é o caso do rádio, da televisão, dos jornais, das revistas e das redes sociais.

1. Observe a cena a seguir e circule os exemplos dos meios de comunicação representados.

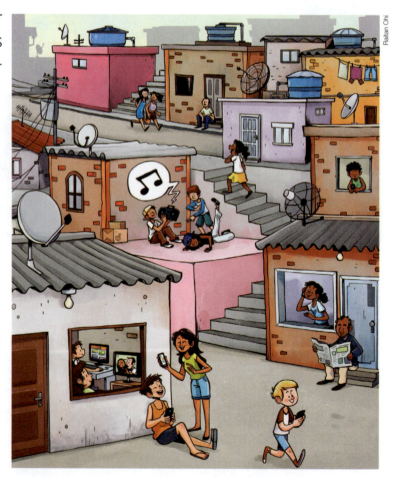

166

Giramundo

O telefone: da manivela ao toque na tela

Quando o escocês Alexander Graham Bell fez funcionar o primeiro telefone, em 1876, certamente não imaginava os rumos que sua invenção tomaria.

No início, o telefone só servia para transmitir o som da voz. Atualmente, além do som, os *smartphones* possibilitam a transmissão de imagem e o acesso à internet.

1. Observe alguns aspectos da evolução do telefone relacionando a descrição ao aparelho correspondente.

A Chamado de modelo "flip", pois abria para a pessoa falar, e era considerado futurista para a época, a década de 1960.

B Lançado em 1990 no Brasil, foi o primeiro telefone celular, com um visor que mostrava digitalmente os números discados.

C Lançado em 1904, era chamado de "castiçal" devido a seu formato. Para funcionar, o usuário deveria girar uma manivela na lateral do aparelho.

D Muito comum na década de 1940, foi apelidado de "tanque" devido a sua aparência robusta, que lembrava um tanque de guerra.

Ilustrações: Raitan Ohi

As fontes de energia

Você deve estar pensando: De onde vem a energia para movimentar as máquinas nas indústrias e os meios de transporte, ou mesmo para iluminar nossas casas e cidades?

Observe a imagem e leia as legendas que a acompanham.

Usinas hidrelétricas

Para a geração de energia elétrica, o governo brasileiro privilegiou a construção de usinas hidrelétricas aproveitando as condições naturais do relevo de nosso país, sobretudo das áreas de planaltos localizadas nas regiões Sul e Sudeste. Essas regiões concentram a maioria das usinas hidrelétricas do país, incluindo a maior delas, a de Itaipu, localizada no estado do Paraná, na fronteira com o Paraguai, no Rio Paraná.

Geração de energia elétrica

No Brasil, a maior parte da energia elétrica é gerada por usinas, basicamente, de três maneiras:

- 7% Eólicas, que usam a força dos ventos.
- 27% Termoelétricas, que usam a queima de carvão mineral ou óleo diesel.
- 66% Hidrelétricas, que usam a força da queda das águas dos rios.

Fonte: Agência Nacional de Energia Elétrica. Disponível em: <http://www2.aneel.gov.br/aplicacoes/capacidadebrasil/capacidadebrasil.cfm.>. Acesso em: 19 dez. 2017.

Usina nuclear, que utiliza elementos químicos para gerar energia elétrica.

Captação de energia maremotriz, que utiliza a força e o movimento das marés.

Produção em alto-mar

Recentemente, a Petrobras, que é a principal empresa de combustíveis do país, descobriu novos campos de extração de petróleo em alto-mar, o que tornou o Brasil autossuficiente na produção dessa matéria-prima.

Plataforma de extração de petróleo.

168

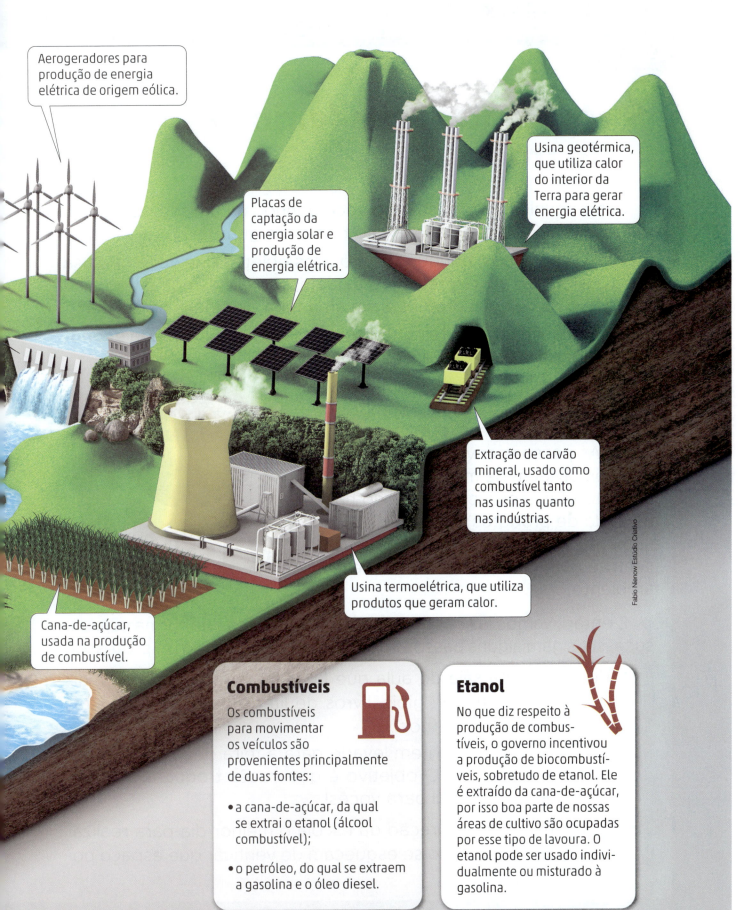

Aerogeradores para produção de energia elétrica de origem eólica.

Placas de captação da energia solar e produção de energia elétrica.

Usina geotérmica, que utiliza calor do interior da Terra para gerar energia elétrica.

Extração de carvão mineral, usado como combustível tanto nas usinas quanto nas indústrias.

Usina termoelétrica, que utiliza produtos que geram calor.

Cana-de-açúcar, usada na produção de combustível.

Combustíveis

Os combustíveis para movimentar os veículos são provenientes principalmente de duas fontes:

- a cana-de-açúcar, da qual se extrai o etanol (álcool combustível);
- o petróleo, do qual se extraem a gasolina e o óleo diesel.

Etanol

No que diz respeito à produção de combustíveis, o governo incentivou a produção de biocombustíveis, sobretudo de etanol. Ele é extraído da cana-de-açúcar, por isso boa parte de nossas áreas de cultivo são ocupadas por esse tipo de lavoura. O etanol pode ser usado individualmente ou misturado à gasolina.

169

Construir um mundo melhor

Montando uma feirinha de trocas

Sabe aquele livro ou gibi que você ganhou há um tempo e já leu muitas vezes? Ou que você já não tem onde guardar?

Os livros, roupas, brinquedos e outros objetos que você não usa mais podem ser muito úteis para alguém, não é mesmo? Então, que tal você e os colegas promoverem uma feira de trocas na escola?

A ideia de fazer uma feirinha como essa vem da chamada **economia solidária**. Mas o que é isso?

A economia solidária é um jeito novo de produzir, vender, comprar ou trocar tudo que é preciso para viver. As pessoas envolvidas nas atividades dividem de maneira igualitária as tarefas e os lucros (quando há a venda de produtos), e as decisões são tomadas em conjunto por todos, sempre com muito respeito ao meio ambiente.

E então, vamos lá? Para que a feirinha de trocas da turma seja um sucesso, sigam alguns passos importantes com o auxílio do professor.

1. Pesquisem na sala de aula que tipos de livros os alunos mais gostariam de trocar: gibis, livros de literatura infantil, revistas ou até mesmo cadernos.
   - Lembrem-se: cada item levado para a feira deve ser trocado por um diferente. O objetivo é que vocês troquem por algo que seja novo e útil para vocês!
2. Combinem com a direção da escola o melhor dia para realizar a feira de trocas. Não se esqueçam de verificar que espaço poderão utilizar!

3. Separem as equipes: alguns alunos precisam acompanhar as trocas; outros receber os participantes e acompanhar a organização e limpeza do local antes e depois da feira. Cada um deverá ter uma função e trabalhar com muita dedicação.

4. É hora de convidar todos os alunos da escola! Façam cartazes, convites e lembretes para que todos saibam e participem do evento.

5. No dia da feira, com a ajuda de professores e funcionários, as equipes devem acompanhar o andamento de tudo com muita atenção! As trocas podem ser de gibis por livros, revistas por cadernos, livros de literatura pequenos por outros maiores etc. O importante é que todos saiam com algo diferente do que trouxeram.

Após o encerramento da feira, é hora de avaliar o evento com a turma e o professor: A feira foi um sucesso? Deu tudo certo? Algo saiu errado? Preparem um caderno especial para fazer as anotações sobre a feira. Colem fotografias e relatos de visitantes. Assim, poderão sempre consultar o caderno para tornar os próximos eventos cada vez melhores, não é mesmo?

Com dedicação, cooperação e solidariedade, essa atividade será sempre um sucesso!

Retomada

1. Vamos identificar a origem dos objetos que nos cercam? Escolha três objetos de sua casa ou da sala de aula. Liste-os abaixo e, ao lado, classifique o subtipo de indústria de bens de consumo que os produziu. Observe o exemplo:

Produto	Fábrica	Setor industrial
cadeiras	fábrica de móveis	bens de consumo duráveis

2. Atualmente, o Brasil está entre os maiores produtores mundiais de gêneros agropecuários. Observe as tabelas a seguir e responda às questões no caderno.

Principais cultivos no Brasil	
Tipo de cultivo	Posição do Brasil no mundo
café	1º
cana-de-açúcar	1º
soja	2º
laranja	1º

Ilustrações: Ricardo Dantas

Fonte: Organização das Nações Unidas para Alimentação e Agricultura. Disponível em: <www.fao.org/faostat/es>. Acesso em: 11 mar. 2017.

Principais rebanhos no Brasil	
Rebanhos	Posição do Brasil no mundo
aves	4º
bovinos	2º
suínos	3º
equinos	4º

Fonte: Organização das Nações Unidas para Alimentação e Agricultura. Disponível em: <www.fao.org/faostat/es>. Acesso em: 11 mar. 2017.

a) Que tipo de informação mostram as tabelas?

b) Em quais tipos de produtos cultivados o Brasil se destaca mundialmente?

c) Em quais tipos de rebanhos o Brasil se destaca mundialmente?

d) Com qual cultivo e com qual rebanho nosso país se destaca como 1º ou 2º produtor mundial?

3. Encontre, no diagrama, as palavras destacadas nas frases a seguir.

- Podemos agrupar as atividades econômicas em três **setores**: primário, secundário e terciário.

- O **comércio** e a prestação de serviços fazem parte do setor da economia que mais emprega brasileiros.

- Trabalham na prestação de **serviços** diferentes pessoas, como professores, médicos e profissionais da limpeza.

- A **indústria** é uma das atividades que mais se destaca na economia brasileira.

- A atividade da **agropecuária** faz do Brasil um dos maiores produtores de cultivos e criadores de rebanhos.

- O transporte **rodoviário** de matérias-primas e bens industrializados por meio de caminhões se destaca nas estradas brasileiras.

- Os meios de **comunicação** servem para transmitir textos, sons e imagens entre lugares e pessoas.

D	E	C	O	N	O	M	I	A	E	H	P	C	N	M	L	O	C	Z	T
A	C	G	B	J	M	A	O	C	A	O	V	O	H	U	A	B	J	O	E
R	J	Z	A	D	U	Q	Ç	L	G	U	D	M	N	Ç	M	Q	U	E	C
O	R	L	E	C	Q	L	U	D	R	T	I	É	O	V	E	O	O	S	N
D	U	Ã	P	O	Ç	T	Ã	I	O	S	E	R	V	I	Ç	O	S	Q	O
O	I	G	O	M	Q	A	R	G	P	O	D	C	T	G	F	T	V	Z	L
V	A	N	V	U	A	T	C	I	E	S	A	I	B	N	Ã	S	J	U	O
I	H	G	B	N	Q	B	U	S	C	U	D	O	S	U	Ç	S	O	A	G
Á	G	M	E	I	N	A	Ç	I	U	R	B	P	Ã	Q	C	E	P	N	I
R	L	D	U	C	O	L	Ã	C	Á	F	I	N	D	Ú	S	T	R	I	A
I	V	O	F	A	U	A	T	E	R	R	I	T	Ó	R	I	O	J	T	O
O	Z	E	A	Ç	O	D	G	Z	I	A	B	O	J	T	A	R	Ã	E	Z
P	N	L	N	Ã	E	U	I	C	A	H	E	D	A	U	O	E	L	A	P
B	I	O	C	O	M	B	U	S	T	Í	V	E	L	H	U	S	F	V	O

173

Periscópio

📖 Para ler

Como fazíamos sem..., de Bárbara Soalheiro. São Paulo: Panda Books, 2006.
A obra mostra como era a vida nos tempos em que alguns objetos ainda não haviam sido inventados.

A economia de Maria, de Telma Guimarães. São Paulo: Editora do Brasil, 2010.
A história demonstra que saber gastar sem exageros é a melhor forma de lidar com o dinheiro.

Não é brincadeira, de Shirley Souza. São Paulo: Escala Educacional, 2006.
Os alunos de uma escola saem em excursão e, no caminho, veem outras crianças se apresentando nas ruas. A professora explica que aquilo não é brincadeira. O livro fala de trabalho infantil, da infância dos povos indígenas e outras maneiras de vivenciar a infância.

👆 Para acessar

Cartilha dos Direitos Humanos: o Menino Maluquinho e sua turma falam sobre direitos humanos, trabalho infantil e cidadania.
Disponível em: <www.turminha.mpf.mp.br/multimidia/cartilhas/CartilhaZiraldodireitoshumanos.pdf/view>. Acesso em: 7 jul. 2017.

▶ Para assistir

Robôs, direção de Chris Wedge e Carlos Saldanha, 2015. Em um mundo de robôs conscientes, o jovem inventor Rodney precisa combater um grande vilão!

Referências

ALMEIDA, Rosângela D. de (Org.). *Cartografia escolar*. São Paulo: Contexto, 2007.

_____. *Do desenho ao mapa*: iniciação cartográfica na escola. São Paulo: Contexto, 2006.

_____; PASSINI, Elza Y. *O espaço geográfico*: ensino e representação. São Paulo: Contexto, 2010.

ANUÁRIO estatístico do Brasil 2016. Rio de Janeiro: IBGE, 2015. Disponível em: <https://biblioteca.ibge.gov.br/biblioteca-catalogo?id=720&view=detalhes>. Acesso em: 3 out. 2017.

ATLAS geográfico escolar. Rio de Janeiro: IBGE, 2016.

BRANCO, Samuel M. *O ambiente de nossa casa*. São Paulo: Moderna, 1995.

BRASIL. Ministério da Educação. Secretaria de Educação Básica. *Diretrizes Curriculares Nacionais Gerais da Educação Básica*. Brasília, 2000.

_____. Secretaria de Educação Fundamental. *Parâmetros Curriculares Nacionais*: primeiro e segundo ciclos do Ensino Fundamental: Geografia. Brasília, 2000.

_____. Ministério da Educação. *Base Nacional Comum Curricular*. Brasília, 2017. Disponível em: <http://basenacionalcomum.mec.gov.br/wpcontent/uploads/2018/04/BNCC_19mar2018_versaofinal.pdf>. Acesso em: 2 maio 2018.

_____. MEC. SEF. DPEF; Instituto Socioambiental. Coordenação Geral de Apoio às Escolas Indígenas. *Geografia indígena*: Parque Indígena do Xingu. Brasília, 1988.

CARLOS, Ana Fani A. *A Geografia em sala de aula*. São Paulo: Contexto, 1999.

CASTELLAR, Sonia (Org.). *Educação geográfica*: teorias e práticas docentes. São Paulo: Contexto, 2001.

CAVALCANTI, Lana de Souza. *A Geografia escolar e a cidade*: ensaios sobre o ensino de Geografia para a vida urbana cotidiana. Campinas: Papirus, 2008.

LE SANN, Janine. *Geografia no Ensino Fundamental 1*. Belo Horizonte: Fino Traço, 2011.

_____. *A caminho da Geografia*: uma proposta pedagógica. Belo Horizonte: Editora Dimensão, 2005. v. 3 e 4.

LIEBMANN, Marian. *Exercícios de Arte para grupos*: um manual de temas, jogos e exercícios. São Paulo: Summus, 2000.

MARCONDES, Beatriz; MENEZES, Gilda; TOSHIMITSU, Thaís. *Como usar outras linguagens na sala de aula*. São Paulo: Contexto, 2000.

MARTINELLI, Marcello. *Gráficos e mapas*: construa-os você mesmo. São Paulo: Moderna, 1988.

MATOS, Regiane Augusto de. *História e cultura afro-brasileira*. São Paulo: Contexto, 2007.

MENDONÇA, Francisco de Assis. *Geografia e meio ambiente*. São Paulo: Contexto, 1993.

MORETTO, Vasco Pedro. *Prova, um momento privilegiado de estudo, não um acerto de contas*. Rio de Janeiro: Lamparina, 2010.

OLIVEIRA, Cêurio de. *Dicionário cartográfico*. Rio de Janeiro: IBGE, 1993.

PIÑON, Ana; FUNARI, Pedro Paulo. *A temática indígena na escola*. São Paulo: Contexto, 2014.

ROSS, Jurandir L. S. (Org.). *Geografia do Brasil*. São Paulo: Edusp, 2005.

SANTAELLA, Lucia. *Leitura de imagens*. São Paulo: Melhoramentos, 2012.

SCHÄFFER, Neiva Otero et al. *Um globo em suas mãos*: práticas para a sala de aula. Porto Alegre: Editora da UFRGS, 2003.

SIMIELLI, Maria Elena Ramos. *Primeiros mapas*: como entender e construir. São Paulo: Ática, 2007. v. 3 e 4.

ZABALA, Antoni (Org.). *Como trabalhar os conteúdos procedimentais em aula*. Porto Alegre: Artmed, 1999.

175